Silvia Maritsch-Rager

NEUES AUS DER GEMÜSEKÜCHE

100 vegetarische Rezepte

Silvia Maritsch-Rager

NEUES AUS DER

Gemüseküche

100 vegetarische Rezepte

Fotos von Ortwin Maritsch

pichler verlag

Inhalt

Alle Mengenangaben für 4 Portionen
Rezepte mit veganer Variante

Vorwort

In einer Zeit, in der (prominente) Köche nach immer neuen Zubereitungsmöglichkeiten unserer Nahrung suchen, ist in der jüngeren Generation ein starker Trend zur pflanzlichen Ernährung bemerkbar, wobei in der Literatur die vegetarische Küche unterpräsentiert ist und von vielen Kochexperten scheel angesehen wird. Natürlich haben hier die überlieferten Küchengeheimnisse der Großeltern ausgedient, die meist von traditionellen Zutaten und Gewürzen geprägt sind. Doch sobald man sich umhört, hat fast jeder in seinem Umfeld einen Bekannten, der keine Tiere isst. Und Mütter sind oft verzweifelt, wenn sich ihre Kinder weigern, Fleischgerichte zu essen. Auf Fragen wie: »Es soll ja schwierig sein, sich vegetarisch zu ernähren – was esst ihr da?«, antworte ich dann gern: Macht es wie die amerikanische Kolumnistin Harriet Van Horne, die schreibt: Kochen ist wie Liebe – man sollte sich hemmungslos hineinstürzen oder es ganz lassen!

Nach den frustrierenden Kocherlebnissen aus meiner Schulzeit, da ich unter anderem gezwungen wurde, Innereien zu essen, lag der Kochsame noch tief in der Erde. Erst während meines Paris-Aufenthalts bekam er Nahrung, keimte und seine Triebe guckten bald aus der Erde, wo er das lukullische Paradies erblickte. Nie werde ich den Duft der zahllosen Käsesorten vergessen, die opulenten Gemüsestände auf den Märkten und auch die so verschiedenen Lokale von Einwanderern aus den entlegensten Winkeln der Erde.

Auf Reisen suche ich Eindrücke und bekomme neue Ideen. Wochenmärkte in allen Ländern ziehen mich magisch an, wo ich Auskunft über unbekanntes Gemüse und Zutaten sammle. Ich liebe es, Nahrungsmitteln nachzuforschen, ihren kulturhistorischen Lebensweg zu recherchieren und Essgewohnheiten aus verschiedenen Kulturkreisen aufzuspüren.

Als Designerin entwickle ich die Rezepte selbst, style und inszeniere die Gerichte. Dabei muss ich immer wieder bei unseren fotografischen Arbeiten meinen Mann davon abbringen, das zum Fotografieren Bestimmte zu essen. Als »Veggiqueen« ist es mir ein Anliegen, den Geschmack von pflanzlicher Küche zu prägen und einfache, leicht nachzukochende Rezepte zu kreieren. Es freut mich immer sehr, wenn unerfahrene JungköchInnen von einer Speise so begeistert sind, dass sie deshalb an einem meiner Kochseminare teilnehmen wollen.

Ebenso freue ich mich über Resonanzen meiner Radiosendung »Silvias Kochwelle«, wo ich seit einigen Jahren über Ernährung spreche und meine Erfahrungen einer aufmerksamen und interessierten Hörerschaft präsentiere.

Allerdings war all das nicht immer so. Meine Wurzeln liegen in Oberösterreich, im Land der Knödelvielfalt und des Mosts. In meiner Kindheit habe ich mich immer nach einem Garten gesehnt, wo ich dem Gras beim Wachsen zuhören konnte, denn ich bin mit Schmieröl, Motorengeräuschen und Benzin aufgewachsen: Ich stamme aus einer Transportunternehmerfamilie und habe das Benzin im Blut. Doch die Sehnsucht nach Natur hat mich vor über einem Jahrzehnt mit meinem Mann nach Aussee übersiedeln lassen. Dort habe ich mir meinen Traum von einem großen Garten erfüllt, mit vielen Obstbäumen, Beeren, Kräutern und Gemüse.

Es macht große Freude, Gemüsepflanzen selbst zu ziehen und ihnen beim Wachsen zuzusehen. Viele dieser Beobachtungen, auch die der Gourmet-Wildtiere wie Rehe und Hasen, haben mich inspiriert. Und selbst unser Gourmet-Hund Bärli erkennt mit seiner feinen Nase gentechnisch verändertes Gemüse und rührt es nicht an! Jede Pflanze hat ihre Eigenarten, mit denen man unterschiedlich umgehen muss. Das Wissen um die Heilwirkung von Kräutern und Gewürzen sammle ich inunserer Kräutermanufaktur, wo mein Mann mein Lehrmeister ist. Esskultur und das Wissen über Pflanzen sind für mich essenziell und gehören zum Wesentlichen in meinem Leben. Kochen mit den Früchten der Natur, knackig frische Zutaten, die manchmal sogar bei strömendem Regen geerntet werden, beeinflussen sowohl die Einstellung zum Essen als auch den Geschmack. Regionale, saisonale Lebensmittel sind für die gesunde und ausgewogene Ernährung wesentlich. Wenn möglich, kaufe ich immer auf Märkten ein und frage nach, woher die Marktfahrer ihre Produkte beziehen.

Genießen Sie das Buch, es ist mit Liebe für Sie geschrieben und fotografiert. Wenn die Seiten dann Gewürz-, Öl- und Teigspuren aufweisen, weil Sie mit meinen Rezepten intensiv in der Küche arbeiten, ist mein Ziel erreicht. Alles, was man gerne tut, gelingt und macht einen zum Meister.

Silvia Maritsch-Rager
Bad Aussee, 2011

Mahl-Zeit

»Die Entdeckung einer neuen Speise ist für die Menschheit wertvoller als die Entdeckung eines neuen Sterns.«

Jean Anthelme de Brillat-Savarin,
französischer Gastrosoph (1755–1826)

Zuerst war da die Sehnsucht nach einer friedvolleren Gesellschaft, und ab einem gewissen Zeitpunkt meines Lebens war es mir nicht mehr möglich, das Töten von Tieren zur eigenen Esslustbefriedigung mit meinem Gewissen zu vereinbaren. Mit diesen Gedanken stehe ich nicht allein da, denn schon in der Antike ernährten sich die Pythagoreer, jene Anhänger des griechischen Philosophen und Mathematikers Pythagoras, fleischlos und handelten nach dem philosophischen Grundprinzip, dass »diejenigen, die Tiere töten, um Fleisch zu essen, auch dazu neigen, ihresgleichen zu töten.«

Es waren die Gründer der britischen vegetarischen Gesellschaft, die im Jahr 1842 das Wort Vegetarier prägten, das seine Wurzeln im lateinischen Wort vegetus für gesund, frisch, kräftig hat. Doch des Wortes ursprüngliche Bedeutung beinhaltet mehr als nur die Ernährung mit Gemüse und Früchten, nämlich eine philosophisch moralisch ausgewogene Lebenseinstellung. Wie auch Mahatma Gandhi sagte: »Der geistige Fortschritt verlangt ab einem gewissen Punkt, dass wir aufhören, unsere Mitlebewesen zur Befriedigung unserer körperlichen Verlangen zu töten.«

Heute ernähren sich immer mehr junge Menschen vorwiegend aus ethischen Gründen vegetarisch, und auch die Wellnessbewegung beeinflusst die gesundheitlichen Überlegungen, sich überwiegend fleischlos und von Vegetabilem zu ernähren. Doch aus Mangel an Überzeugung und Schmackhaftigkeit kehren viele später wieder zu ihren alten Essgewohnheiten zurück.

Warum vegetarische Ernährung?

Schon die Anatomie dürfte gegen die Anschauung sprechen, dass der Homo sapiens ein Allesfresser sei. Vergleichende Studien ergaben, dass Gebiss und Verdauungsorgane des Menschen nicht für fleischzentrierte Ernährung geschaffen sind. Zähne, Kiefer, Verdauungssystem, Magensäure und Speichel sind den Pflanzenfressern gleich. Und der menschliche Darm ist durch seine Länge – sie beträgt die sechsfache Körpergröße – nicht für die Verdauung von tierischem Eiweiß geeignet (Magensäure). Fleischfresser hingegen haben einen kurzen Darmtrakt, der bloß die dreifache Körperlänge beträgt. Wer einen Hund hat, weiß, wovon ich spreche, denn der Zeitpunkt zum »Gassigehen« nach der Nahrungsaufnahme durch das Tier ist relativ kurz.

Meiner Ansicht nach gibt es keine bessere Art zu essen, als die fleischlose. Sei es in Bezug auf Gesundheit, Geschmack oder spirituellem Wohlbefinden. Auch ökologische und ökonomische Gründe sprechen dafür, denkt man nur an die Massentierhaltung und deren landwirtschaftlichen Platzbedarf, ihren hohen Energieverbrauch und die gleichzeitige Verschmutzung von Wasser und Luft. Und der Anbau von Futtermitteln in der Dritten Welt bedeutet oftmals eine Benachteiligung der dort lebenden Bevölkerung, denn schließlich könnte diese Anbaufläche einen Großteil der Welternährungsprobleme lösen. Von den katastrophalen Werten des ökologischen Fußabdrucks der Viehhaltung ganz zu schweigen.

Zahlreiche medizinische Forschungsergebnisse zeigen das direkte Verhältnis zwischen Fleischkonsum und Erkrankungen der Herzkranzgefäße, Arteriosklerose, Darmkrebs, aber auch Gebärmutter- und Brustkrebs auf.

Vegetarische Ernährungsformen

Alle vegetarischen Ernährungsformen schließen den Konsum von Fleisch, Fisch und Meerestieren aus. Allerdings gibt es sehr unterschiedliche Zugänge zur vegetarischen Ernährung, wie die folgende Aufstellung zeigt:

- Ovo-Lacto-Vegetarier – fleischlose Ernährung mit Eiern, Milchprodukten und pflanzlicher Kost.
- Lacto-vegetabile Vegetarier – fleischlose Ernährung mit Milchprodukten und pflanzlicher Kost. Käse, den man früher mit Lab, einem Enzym aus dem Kälbermagen, herstellte, stand auf der Roten Liste. Heute werden Käse auch aus mikrobiellen Milchgerinnungsenzymen hergestellt, die aus Schimmelpilzen gewonnen werden. Wer sich rein lactovegetabil ernähren möchte, achte also auf die Inhaltsstoffe des Käses.
- Veganer – fleischlose Ernährung durch ausschließlich pflanzliche Kost. Diese Personengruppe lehnt alle tierischen Produkte wie Eier, Milchprodukte und Honig ab. Auch das Tragen von Bekleidung und Produkten, die tierischen Ursprungs sind (Leder, Wolle, Seide etc.) wird vermieden.
- Vegane Rohköstler lehnen gekochte Nahrung ab, essen vorwiegend frische vegetabile Lebensmittel, gemahlene Samen, Nüsse und alles, was die Pflanze als Wurzeln, Früchte und Samen bildet.
- Fructarier essen ausschließlich Früchte, Beeren, Samenkörner, Nüsse von Pflanzen, die sich von den Gewächsen selbständig lösen.
- Sonnenkostler bevorzugen wegen des hohen Photonengehaltes Obst und Gemüse, das über der Erde wächst.

Worauf Sie achten sollten

Je naturbelassener die Nahrung, umso vitalstoffreicher ist sie. Doch um auch tatsächlich alle Nährstoffe zu sich zu nehmen, gibt es Alternativen, die auch für viele Allergiker eine sinnvolle Nahrungsergänzung sind. In meinen Rezepten können daher statt der landläufig bekannten Ingredienzien bestimmte Ersatzprodukte verwendet werden.

Alternativen zu Ei und Milch

- Sojamehl, fett – 1 EL Sojamehl mit 1–2 EL Wasser anrühren
- Ei-Ersatz – aus Maisstärke, Sojaeiweiß, Palmöl
- Sojamilch – den Geschmack der verschieden Anbieter ausprobieren!

- Sojajogurt, Sojacreme, Sojasahne, Sojamayonnaise können wie herkömmliche Milchprodukte verwendet werden.
- Kokosmilch – gibt es schon überall, oder man stellt sie folgendermaßen selbst her: Kokosraspel in Wasser einweichen, ausdrücken, fertig!
- Kokoscreme – schmeckt sehr harmonisch rund, hat aber 18 Prozent Fett.
- Kokosnusspulver – schmeckt in Kaffee, Kakao und in Soßen wunderbar.
- Lopino – (Käseersatz) wird aus den Samen der Süßlupinen hergestellt und ist sehr eiweißreich, gluten-, cholesterin-, purin-, lactose- und hefefrei. Dient als knusprige Kruste beim Überbacken von Aufläufen usw.
- Reismilch und Hafermilch – sind eine Frage des Geschmacks.
- Hefeextrakt oder Hefepaste mit ihrem nussig-aromatischen Geschmack sorgt für eine ausgewogene Vitamin- und Eiweißversorgung und ist für viele meiner Rezepte unverzichtbar!
- Agar-Agar – aus Rotalgen hergestellt, wird als pflanzliche Gelatine verwendet.
- Weinsteinpulver – entsteht als Ablagerung beim Weingärungsvorgang.

Die Ernährungsgewohnheiten der Menschen aus Industriestaaten zeigen, dass zu viel tierisches Eiweiß in der Nahrung nicht ausgeschieden wird, sondern sich durch Zerfall als Harnsäure im Gewebe ablagert. Deshalb ist es wichtig, pflanzliches Eiweiß zu sich zu nehmen. Der Eiweißgehalt vieler Gemüsesorten übersteigt 20 Prozent, viele Nüsse, Samen und Hülsenfrüchte enthalten sogar bis zu 30 Prozent und Getreide durchschnittlich 12 Prozent Proteine.

Vitamin B12, Cobalamin, ist in den meisten tierischen Lebensmitteln reichlich enthalten und kann nur von Mikroorganismen wie beispielsweise Bakterien gebildet werden. Mit einer lakto-(ovo-)vegetarischen Ernährung kann durchaus ausreichend Vitamin B12 zugeführt werden, aber vorbeugend kann auch ein Zusatzpräparat genommen werden. Bei richtiger vegetarischer Ernähung kann aber das gesamte Spektrum an Nährstoffen auch fleischlos abgedeckt werden – das können mein Mann und ich aus jahrzehntelanger Erfahrung bestätigen. In der vegetarischen Welt werden allerdings Ersatzprodukte für Fleischwaren wie Würstel, Leberkäse etc. angeboten. Tatsächlich gibt es keinen Ersatz für Fleisch, aber es öffnet sich mit diesen Produkten ein neues lukullisches Paradies.

Alternativen zu Fleischprodukten:

- Seitan ist die köstliche Alternative zu Fleisch. Er wird aus Vollweizen durch Herauswaschen und Trennung von Kleie und Stärke vom Eiweiß (Gluten) gewonnen, anschließend in einem Gewürzsud gekocht und zum Panieren, Backen, Grillen und Braten verwendet.
- Sojasteakli, Sojastücke und Sojagranulat sind die pflanzliche Alternative zu Fleisch.

Soja ist die älteste Kulturpflanze der Welt mit hohem Eiweißgehalt, reich an Vitaminen, Mineralstoffen und den acht essentiellen Aminosäuren. Eine vegetarische Ernährung ohne Sojaprodukte ist kaum denkbar. Alle Sojaprodukte sind außerdem glutenfrei, cholesterinarm und ballaststoffreich (für Diabetiker wichtig: 45 g Sojamehl, fett müssen mit 1 BE berechnet werden).

Tofu wird aus frischem Sojaeiweiß hergestellt, hat keinen Eigengeschmack und passt sich hervorragend anderen Lebensmitteln an. Am besten frischen Tofu in einem Asialaden kaufen. Er kann mit dem Fertigprodukt aus dem Supermarkt nicht verglichen werden! Geräucherter oder marinierter Tofu ist essfertig als Jause oder zum Mitkochen geeignet.

Mein Tipp: Pumpernickelbrot mit Senf bestreichen und mit geräucherten Tofu- und Essiggurkerlscheiben belegen.

Mit Liebe kochen

Ich koche mit Bio-Produkten, wann immer ich die Möglichkeit dazu habe, da sie nicht nur pure Lebenskraft geben, sondern auch besser schmecken sowie gesünder für uns und die Umwelt sind. Selbstgekochte Gerichte aus natürlichen Zutaten, mit Zeit und Liebe zubereitet, haben einen großen Einfluss auf die körperliche und seelische Gesundheit. Gemeinsam in einer gemütlichen Runde ein mit Liebe zubereitetes Mahl essen ist das beste Gewürz der Welt.

In meiner bunten Wohnküche koche ich sowohl auf einem Induktionsherd als auch im Winter auf meinem Holzofen, wo man mit den Gerichten die wohlige Wärme des Ofens mitisst. Ich verwende eher wenige Geräte, denn mir genügen ein Pürierstab, ein Handmixer, ein kleiner und ein großer Schneebesen, ein gutes, großes Stahlmesser sowie zwei kleine Messer, eine Parmesanreibe, ein Käsemesser, das sich auch hervorragend zum Schneiden von Gemüsestreifen eignet, sowie eine Muskatreibe. Weil in meinem Garten mehrere Obstbäume stehen, befinden sich in meiner Lade ein Zwetschken- und ein Kirschenentkerner, der auch für Oliven verwendet werden kann. Hygienische Empfehlungen hin oder her: Ich benutze Holzkochlöffel lieber als die aus Kunststoff.

Zum Glück gibt es keine Kochpolizei, denn das Würzen ist eine persönliche Sache. Passen Sie die Gewürze Ihrem Geschmack an. Ich empfehle, anfänglich eher vorsichtig zu würzen und lieber öfter zu kosten!

Das Salz der Erde

Ich liebe es, mit Salz zu experimentieren. Daraus ist meine Salzkollektion **SALZREICH** entstanden – in unserer kleinen Manufaktur erzeugen mein Mann und ich auf einem Almengebiet im Herzen Österreichs, in Bad Aussee im Salzkammergut, der Heimat des österreichischen Bergkernsalzes, exklusive Salzköstlichkeiten. In meinen Rezepten verweise ich oftmals auf das jeweils von mir bevorzugte Salz, das Sie selbstverständlich bei mir online ordern können, sollten Sie sich meiner Experimentierfreude anschließen wollen. Ich möchte Ihnen hier einen kurzen Überblick über die Geschichte der Salzverwendung und die von mir verwendeten Spezialitäten geben.

Die Geschichte des Salzes ist eng verknüpft mit politischer und wirtschaftlicher Macht. Auf Salz wurden Steuern erhoben und Salz diente als Zahlungsmittel. So wurden römische Legionäre zum Teil mit einer Salzration entlohnt, bekannt als Salarium Argentum, woraus sich der deutsche Begriff Salär für Lohn ableitet. Im Übrigen gibt es keine Religion, die Salz nicht in irgendeiner Weise für heilig erklärt hätte. In der Bibel gilt Salz als segensreich für den Menschen und für die Kraft und den Erhalt des Glaubens. Für Griechen und Römer war Salz göttlichen Ursprungs, Frieden und Freundschaft stiftend. Und im Christentum galt die Überzeugung, der Teufel und die Hexen mögen kein Salz. Im europäischen Mittelalter war es die gängige Praxis von Ehefrauen, das Geschlecht des Mannes mit Salz zu bestreuen, um es aufrecht und kräftig zu erhalten. Manche Frauen trieben ihren Angetrauten dafür sogar ins Pökelfass! Und noch heute ist das Fehlen sowie das Verschütten von Salz ein schlechtes Omen.

Salz reinigt und schützt Nahrung gegen Fäulnis, es würzt Speisen und reguliert den Wasserhaushalt des Körpers. Denn ohne Salz können die Körperzellen keine Moleküle mehr austauschen, die Muskeln verlieren ihre Kontraktionsfähigkeit, der Blutdruck schwankt, die Neuronen versagen ihren Dienst als Informationsübermittler, und der Magen kann die Verdauung nicht mehr in Gang halten. Schon allein der Gehalt des Salzes im Wasser, macht es zu einem unverzichtbaren Mineralstoff für den menschlichen und tierischen Organismus. Die im Salz enthaltenen Natrium- und Chloridionen spielen eine lebenswichtige Rolle auch für das Nervensystem und den Knochenaufbau.

Seit tausenden von Jahren versuchten die Menschen, das Speisesalz so reinweiß wie möglich auf den Tisch zu bringen. Heute geht der Trend zurück zur Natürlichkeit des Produkts, und Salz wird wieder zum Luxusgut: Die Rückbesinnung auf die Urformen wird als kulinarische Neuentdeckung gefeiert. Dazu zählen auch Gourmetsalze wie Fleur de Sel und Flos Salis, die auf Grund ihrer Gewinnungsmethoden immer naturweiß sind. Denn die in den Salzgärten entstehenden Salzblumen, das sogenannte Fleur de Sel, werden meist von Hand abgeschöpft. Es hat seine Liebhaber und findet sich auf den Tischen der Connaisseurs.

Natursalze sind von ihrer regionalen Herkunft geprägt und unterscheiden sich daher in Farbe, Geschmack und Textur. Zum Kochen in Salzwasser verwende ich für erdige Gerichte wie Kraut, Knödel, Bohnen etc. österreichisches Speisesalz und für mediterrane Gerichte grobes Meersalz. Mit hochwertigem Meersalz salze ich Speisen, die mit Olivenöl zubereitet sind.

Schwarzes indisches Salz schmeckt nach gekochten Eiern und ist im Gurkensalat eine runde Sache. Das Salz ist rosa, und mit Feuchtigkeit wird es schwarz. Es ist zwar nicht überall leicht erhältlich, doch es lohnt sich die Mühe, es in Spezialgeschäften zu besorgen.

Bergkernsalz von SALZREICH

Der Altausseer Bergkern wird dort, wo das Salz am reinsten ist, von Bergmännern aus besten Natursalzlagerstätten gewonnen. So ist das sogenannte Bergkernsalz angereichert mit erdigen Lehmeinschlüssen, Mineralstoffen und Spurenelementen, was seine leicht rötliche Farbe erklärt. Die farblich variierenden Lehmeinschlüsse dieses Natursalzes machen es zu dem, was es ist: etwas Besonderem aus dem Salzkammergut. Es bringt die Bergwelt in die Speisen und passt hervorragend zu allen Gerichten.

BÄRLAUCHSALZ

Frisch nach der Ernte des wilden Knoblauchs, des Bärlauchs, werden die Blätter mit Bergkernsalz vermengt und in der Almsonne getrocknet. Passt wunderbar zu Kartoffelgerichten, Karotten, Aufstrichen und vielem mehr.

ROSENSALZ

Das Salz der Liebe – in frischer Luft unter der kräftigen Sonne des Ausseerlands verschmilzt das ätherische Öl der frisch gepflückten Rosenblätter mit dem Bergkernsalz. Rosen bereichern alle leichten Gerichte und Speisen aus Sommergemüse, ebenso Jogurt, Topfen, Tofu und dergleichen mehr.

KRENSALZ (MEERRETTICH)

Für erdige, deftige Gerichte. Kren betont den Geschmack von Speisen wie Wirsing, Krautwickel, Eintöpfe, Rote Rüben und vieles mehr. In der Natur unseres Gartens darf sich der Kren bis zu seiner Ernte im Spätherbst entfalten, um sodann in Verbindung mit Bergkernsalz den Speisen eine besondere Note zu verleihen.

BRUNNENKRESSESALZ

Brunnenkresse, aus natürlichen heimischen Gewässern, bringt ihren unverwechselbaren Geschmack in das Bergkernsalz ein. Interessant schmeckt das Brunnenkressesalz nicht nur zu Kartoffelgerichten wie Kartoffelsalat, sondern es ist ein Universalsalz, das zu Sommer- und zu Winterspeisen gleichermaßen passt.

FLOS SALIS – DAS ALPEN FLEUR DE SEL

Um Ihre Kochkunst zu veredeln, ist die feine Textur von Flos Salis als Fingersalz eine Offenbarung! Nur an besonders heißen, windigen Tagen kann die Bergkernsalzsohle in Bad Aussee im Sonnenlicht getrocknet werden, woraus Flos Salis entsteht. Das natürliche Weiß des Salzes und die leicht

krustig flockige Beschaffenheit sowie der feine Geschmack zeichnen Flos Salis aus. Eine Besonderheit unter den Salzen!

GOLD FLOS SALIS

Die Kostbarkeit von SALZREICH! Flos Salis mit 23 Karat Blattessgold. Gold Flos Salis aus Bergkernsohle, unter der Sonne der reinen Bergwelt im Salzkammergut getrocknet, wird von Goldflocken aus 23 Karat-Speise-Blattgold umspielt. Zum Veredeln und bereichern von Speisen. Gold Flos Salis eignet sich freilich auch besonders gut als Geschenk für Gourmets und zum Vergolden der Speisen für besondere Anlässe.

RAUCHSALZ

Bergkernsalz über Buchenholz kalt geräuchert passt zu vielen Gerichten, denen es an Erdigkeit fehlt. Besonders Vegetarier und Veganer lieben den rauchigen Geschmack, um ihren Speisen einen besonderen Charakter zu geben. Salzqualität von SALZREICH setzt kulinarische Akzente!

SALZREICH
Pflanzensprecher®

www.salzreich.at

Frühling

Jetzt schmecken Wildkräuter am besten! Doch wenn mein Garten auch noch so aussieht, als wäre er im Winterschlaf, bringt die Natur rundum aufgrund der nun ansteigenden Lichtinsensität besonders geschmackvolle Kräuter hervor. Schon unter der Schneedecke bereiten sich die Pflanzen auf ihr Erwachen vor, um mit geladener Kraft Mineralstoffe aus dem Boden zu holen und Vitamine mit Hilfe der Sonnenenergie zu erzeugen. Nun sollte man daran denken, den Körper zu entgiften und zu entschlacken, um nach dem Verzehr schwerer Wintergerichte wieder beweglicher zu werden – physisch wie psychisch. Die Speisen, die man nun zu sich nimmt, sollten am besten mit viel saftigem, erfrischendem Grün angereichert sein, denn viele Pflanzen, die zu Beginn des Frühlings sprießen, haben reinigende Kräfte. Die Natur bietet nun auf den Wiesen Girsch gegen Gicht an, Brennnessel zur Blutreinigung, Brunnenkresse als Appetitanreger, den Gundermann zur Nierenwäsche, vor der Blüte gepflückte Löwenzahnblätter zur Anregung der Verdauung, den Sauerampfer und vor der Blüte gepflückte Scharbockskrautblätter als Vitamin-C-Lieferanten. Gemeinsam mit den Sprossenspitzen der weißen Taubnessel und Wegerichblätter sind sie ideale Pflanzen für Frühlings-Blutreinigungskuren und Bestandteil der berühmten Gründonnerstagssuppe (siehe Seite 20). Mit der ersten Duftwolke des Bärlauchs allerdings, dem Vorboten aller Wildpflanzen, kann man den Frühling sogar riechen. Mit seinen chlorophyllgetränkten, satten, grünen Blättern durchzieht er fast überall in Europa tausendfach feuchte, nährstoffreiche Buchenwälder. Machen Sie es doch wie die Bären, die sich nach ihrem Winterschlaf mit Bärlauch vollessen, um ihren Darm zu reinigen und wieder fit für das kommende Jahr zu sein! Genießen Sie ihn, auch gemeinsam mit den anderen frischen Wildkräutern, am besten roh auf einem knackigen Brot oder nur kurz angedünstet, damit die Vitamine erhalten bleiben. So können Sie am besten die grüne Kraft im Körper aufnehmen. Ein paar Tropfen wertvolles Öl bilden die Krönung.

Bärlauchsuppe mit Kokosmilch

Seinen Namen hat der Bärlauch von den Braunbären, die sich nach ihrem Winterschlaf die Mägen mit dem wilden Knoblauch vollschlugen, um ihre trägen Därme zu putzen. Darum wird in der Volksmedizin Bärlauch zur Reinigung von Magen und Darm empfohlen.

ca. 150 g Bärlauch*
200 ml Kokosmilch
500 ml Wasser
2 EL Stärkemehl
1 Gemüsebrühwürfel
geriebene Muskatnuss
Salz und weißer Pfeffer

Wasser mit Gemüsebrühwürfel erhitzen. Den grob geschnittenen Bärlauch zugeben und kurz dünsten lassen. Mit einem kleinen Soßenbesen das Stärkemehl mit der Kokosmilch glatt rühren und unter die Bärlauchsuppe mischen. Mit Muskatnuss, Salz und Pfeffer würzen und mit einem Pürierstab pürieren.

Kokosmilch eignet sich nicht nur hervorragend als Milchersatz für Veganer und für Allergiker, sondern ist durch seinen hohen Kokosfettanteil auch eine pflegende Körpercreme.

Silvias Neun-Kräuter-Suppe

Auch als Gründonnerstagsuppe bekannt, wird sie traditionell aus jeweils neun heimischen Kräutern zubereitet. Dem Volksglauben nach sollte der Verzehr der grünen Suppe das ganze folgende Jahr vor Krankheiten bewahren. Der Naturforscher Alexander von Humboldt schwor auf die Wirkung der Frühlingssuppe und verfasste eine genaue Anweisung für die königliche Hofküche in Potsdam, welche Kräuter für die an diesem Tag zu servierende Kräutersoße aus der Hofgärtnerei geliefert werden mussten.

1 EL Butter
80 g Mehl
125 ml lieblicher Weißwein
1 l Wasser
1 geh. TL Bergkernsalz
Muskatnuss
Pfeffer
ca. je 1 Hand voll Kräuter pro Sorte (Brennnessel, Brunnenkresse, Girsch, Gundermann, Löwenzahnblätter, Sauerampfer, Scharbockskrautblätter, Taubnessel, Wegerichblätter)
eventuell 1 Eidotter

Butter in einem Topf schmelzen und das Mehl kurz in Butter durchrösten. Den Topf vom Herd nehmen und mit etwas Weißwein aufgießen. Mit einem Schneebesen glatt rühren, damit keine Klümpchen entstehen. Die Suppe mit dem restlichen Wein und Wasser aufgießen und salzen. Die Kräuter grob schneiden und kurz aufkochen lassen, mit Muskatnuss und Pfeffer würzen und mit dem Pürierstab pürieren.
Wer will, kann die Suppe mit Eidotter legieren: Eidotter vom Eiklar trennen und den Dotter in die Suppe einrühren.

Bärlauchblütenschatz

2 Handvoll Bärlauchblüten
250 ml Bio-Rapsöl

Die Bärlauchblütendolden ungeteilt in kleine Gläser füllen und mit Rapsöl bis obenhin aufgießen, sodass kein Stück der Blüte aus dem Öl herausragt.
Eine Blütendolde auf getoastetem Brot schmeckt hervorragend nach unberührter Natur.

Nach Blütenentnahme immer wieder Öl nachgießen!

Bärlauchpesto mit Sesam

»Sesam öffne dich« – das Zauberwort aus »Ali Baba und die vierzig Räuber« lässt auf den Ursprung von Sesam im Orient schließen, wo er schon vor 3000 Jahren kultiviert wurde. Sesam hat im Orient eine besondere Bedeutung als Bestandteil der Fastenspeise »Chalba« und des Türkischen Honigs. Die kleinen ovalen Samen bestehen etwa zur Hälfte aus wertvoller essentieller Linolsäure.

500 g Bärlauch
200 g Sesam, ungeschält
1 EL Meersalz
500 ml bestes Olivenöl
etwas Olivenöl zum Auffüllen

reicht für ca. 7 kleine Gläser

Bärlauch fein wiegen und in eine Schüssel geben. Mit Olivenöl, Salz und Sesam mischen. Die Paste in vorbereitete kleine Gläser füllen und mit Olivenöl aufgießen, sodass die Paste bedeckt ist. Gut verschließen und nach Entnahme wieder mit Olivenöl auffüllen.

Schnittlauchblüten

Kerbel-Dip

250 g frischer Kerbel aus dem Garten oder Bio-Qualität
250 ml Bio-Rapsöl

Kerbel im Mörser anstoßen oder im Mixer mit dem Rapsöl feinpastig pürieren. Die hellgrüne Kerbelsoße in kleine Gläser füllen und den Rand sauber wischen, damit sich kein Schimmel bilden kann. Als i-Tüpfelchen mit Rosensalz krönen. Mit etwas Rapsöl die Paste aufgießen. Der Kerbel-Dip muss mit Öl bedeckt sein!

Der Kerbel-Dip ist sehr leicht, mild und fruchtig im Geschmack und passt wunderbar zu Nudeln und vielem mehr.

Rahmdip

250 ml Sauerrahm
1 Spritzer Weißweinessig
etwas Kressesalz
weißer Pfeffer
eventuell etwas Knoblauch
frischer Schnittlauch

Sauerrahm mit Weißweinessig, Kressesalz und Pfeffer glatt rühren. Eventuell mit auf Salz zerdrücktem Knoblauch abschmecken. Schnittlauch in feine Röllchen schneiden und über den Dip streuen. Der Rahmdip passt zu den Erdäpfelwaffeln auf Seite 76.

Paprika-Sushi

mit jungen Bärlauchblättern

100 g Bärlauch
100 g Ketanreis (Klebreis)
250 ml Wasser
ca. 4 eingelegte (gesüßte) rote Paprikaschoten aus dem Glas
50 g Sesam
1 TL Zucker
2 EL Apfelessig
Salz (Bärlauchsalz)
Olivenöl
etwas Mehl zum Ausrollen
Saft 1 Bio-Zitrone

Alufolie, Bastmatte

Wasser mit einer Prise Salz und einer Prise Zucker erhitzen, unter Rühren den Reis ca. 15 Minuten weich kochen und abkühlen lassen. Der Reis soll seinem Namen gerecht werden!
Anschließend den Reis mit Essig, Zucker und Salz würzen, Bärlauchblätter mit Olivenöl bestreichen.
Alufolie auf die Bastmatte legen und dicht mit den bestrichenen Bärlauchblättern belegen. Auf einer Alufolie oder Papier etwas Mehl aufstreuen und Klebreis darauf ca. 1 cm dick auswellen. Samt dem Papier den ausgewellten Reis auf die Bärlauchblätter drücken und das Papier abziehen.
Sesam aufstreuen und die einseitig auseinandergeschnittenen Paprika auflegen. Nun fest und vorsichtig einrollen. Eventuell Bärlauch nochmals mit Olivenöl einstreichen. Sushistücke mit einem scharfen Messer in mundgerechte Stücke schneiden.
Je nach Geschmack mit etwas Zitronensaft beträufeln.

Grüner Camembertaufstrich

- 250 g Topfen (Quark)
- 200g Camembert
- 1–2 EL Butter
- 3 EL Weizenvollkornmehl
- 1 Spritzer Zitronensaft
- Basilikum- und Petersilienblätter
- 500 ml Gemüsebrühe
- ¼ TL Piment (Neugewürz)*
- ½ TL Muskatnuss
- Salz**

* Piment wird auch Jamaikapfeffer genannt, weil diese Insel der Hauptlieferant ist. Der Geschmack erinnert an Muskat und Zimt. Wegen der anglomaerikanischen Vorliebe wird es auch Englischgewürz und Allspice genannt. Hierzulande wird Piment als Neugewürz für Weihnachtsbäckerei verwendet und auch die Bezeichnung Nelkenpfeffer ist bekannt.

** Hier passt Alpen Fleur de Sel – Flos salis besonders gut dazu.

Im Mixer erst Pimentkörner und Muskatnuss zerkleinern, anschließend die Petersilien- und Basilikumblätter zugeben und zerkleinern. Camembert, Butter und Topfen beifügen, mixen und mit Zitronensaft und Salz würzen.

Egal ob auf hellem oder dunklem Brot – dieser Aufstrich schmeckt immer!

Bärlauchaufstrich

Deftige Brotstücke – kurz angeröstet – passen sehr gut zur Erdigkeit des Bärlauchs.

100 g Bärlauch
1 TL Zucker
1 Spritzer Zitronensaft
1 TL Agar Agar*
ca. 200 ml Wasser
250 ml Mascarino
Bergkernsalz

* Agar Agar ist die pflanzliche Gelatine und wird aus Rotalgen gewonnen.

Bärlauch fein wiegen und mit Zitronensaft mischen. Agar Agar in Wasser anrühren, mit Mascarino vermengen, salzen und Bärlauch unterrühren.

Schnelle Jogurtsoße

200 ml Jogurt
2 EL Sauerrahm
1 Spritzer Apfelessig
1 Prise schwarzes Salz
weißer Pfeffer
1 EL Walnussöl

Jogurt mit Sauerrahm, Essig, Salz, Pfeffer und Öl glatt rühren – fertig! Diese Soße passt zu Fingerfood und allen frittierten Gerichten.

Walnusspesto

Selbstgemachtes Walnusspesto auf frischem würzigem Landbrot schmeckt wunderbar und eignet sich auch hervorragend als Proviant für Bergtouren.

- 200 g Walnüsse
- 2 g Muskatnuss, ganz
- 1 EL Koriandersamen
- 4 Pimentkörner
- 3 Knoblauchzehen
- 1 TL Zuckerrübensirup oder Honig
- 1 gehäufter TL Bergkernsalz
- 250 ml Walnussöl oder Sonnenblumenöl
- Bio-Rapsöl zum Auffüllen

Walnüsse mit Muskatnuss, Koriandersamen, geschälten Knoblauchzehen, Piment und Salz in der Küchenmaschine fein hacken. Öl und Zuckerrübensirup unter die Nussmasse mischen und nach Geschmack abschmecken.
Das Nusspesto in kleine Gläser füllen und darauf achten, dass die Ränder der Gläser sauber sind. Eventuell mit einem Papiertuch nachwischen. Auf das abgefüllte Pesto so viel Öl gießen, dass das Pesto mit Öl bedeckt ist. Nach Entnahme von Pesto immer mit Öl auffüllen, sonst bildet sich Schimmel.

Kräuterkraft im Brot

- 4 knusprige Brötchen oder 4 Brotschnitten
- 4 TL Walnusspesto*
- 8 Walnusshälften
- Frühlingskräuter der Saison, Brunnenkresse, Bärlauch, Giersch, Wegerich etc. – was die Natur hergibt
- Krensalz

Brötchen auseinanderschneiden und Walnusspesto auf eine Hälfte aufstreichen. Kräuter je nach Geschmack fein oder grob schneiden und auf dem Pesto dicht verteilen. Walnusshälften grob hacken und auf die Kräuter streuen. Mit etwas Krensalz würzen und Brötchenhälften auflegen. Bei Schnittbrot reicht eine Schnitte Brot.

Walnussblüte in meinem Garten:
Nüsse sind wichtige Energielieferanten

Magerer Frühlingskäse mit Kräutern

- 250 g Kochkäse oder »Abgekochter«*
- 1 Frühlingszwiebel
- Petersilie, Schnittlauch, Kräuter nach Angebot
- 1–2 EL Weizenbier
- 1 EL Estragonessig
- 2 EL Sonnenblumenöl
- Salz und Pfeffer

* Oft wird dieser Käse im Supermarktregal einfach ignoriert, da er nicht sehr bekannt ist. Er ist aber ein Käse mit heimischer Ess-Tradition. Er wurde nämlich früher auf vielen Bauernhöfen hergestellt und ist ein figurfreundlicher Aufstrich.

Kräuter fein hacken, Schnittlauch schneiden und mit Käse vermischen. Frühlingszwiebel fein schneiden und zum Käse geben.
Mit Essig, Sonnenblumenöl, Salz, Pfeffer und etwas Bier vermengen, abschmecken und auf Brote streichen.

Den Rest des Bieres zum Brot trinken!

Gnocchi mit Pinienkernen

- 1 kg mehlige Kartoffeln
- 200 g Mehl
- 1 Ei
- 1 Stange Lauch
- 250 g Karotten
- 80 g Pinienkerne
- ½ TL Meersalz
- 1 Msp. Muskatnuss
- Pfeffer
- 2 EL Walnussöl

Für die Gnocchi Kartoffeln in Salzwasser weich kochen und schälen. Die Kartoffeln mit einem Kartoffelstampfer zerdrücken. Mit Mehl, Salz, Muskatnuss und Ei zu einem geschmeidigen Teig verarbeiten und zugedeckt ¼ Stunde ruhen lassen, damit sich das Mehl bindet. Anschließend den Teig in Stücke teilen und auf einer bemehlten Fläche daumendicke Rollen formen. Stücke abschneiden und eine Gabel auf das Teigstück drücken. In Salzwasser die Gnocchi ziehen lassen.
In einer Pfanne Pinienkerne anrösten. Lauch kreuzweise einschneiden, waschen und fein schneiden. Karotten putzen, in dünne Scheiben schneiden und gemeinsam mit dem Lauch und den Pinienkernen in der Pfanne in Walnussöl anschwitzen. Mit Salz und Pfeffer abschmecken. Zu den fertig gegarten Gnocchi mischen.

BITTER CAMPARI

AlmBrik

Der Schnellimbiss aus Tunesien von Herrn Sfez in Paris, der mir gezeigt hat, wie man diese Teigtaschen zubereitet und isst.

- 1 Packung Strudelteig*
- 4 Eier
- Schnittlauch
- Rosensalz oder Meersalz
- Pfeffer

* Ich verwende Strudelteig aus der Packung, weil das schneller geht. Wenn ich mehr Brik zubereiten möchte, ist es besser, den Teig selbst herzustellen (Rezept siehe Seite 42). Dabei rolle ich nur ein Teigblatt aus, da selbstgemachter Teig elastischer ist und kaum brechen kann.

Strudelteigblätter auflegen, ein Blatt mit Wasser bestreichen und mit einem Strudeldeckblatt belegen. In der Mitte auseinanderschneiden, damit ein Dreieck gefaltet werden kann.
Eidotter vom Eiklar trennen und jeweils einen Dotter in die Mitte des Teigquadrats setzen. Schnittlauch in Röllchen schneiden. Den Dotter mit etwas Salz und Pfeffer würzen und mit Schnittlauchröllchen bestreuen. Den Strudelteig mit Wasser bestreichen, zu einem Dreieck zusammenfalten und zusammendrücken.
Öl in einem Topf erhitzen und im heißen Fett die Teigstücke kurz beidseitig braun anbraten. Vorsicht, das geht sehr schnell, und der Dotter muss noch weich sein!
Das Brik herausnehmen und zum Abtropfen auf ein Küchenpapier legen. Sofort heiß servieren. Ganz wichtig: In die Mitte in den Dotter hineinbeißen!

Jeder frische gemischte bunte Salat passt hervorragend zu diesem Imbiss.

Kräuterkartoffel-bratlinge

600 g mehlige Kartoffeln
30 g Maisgrieß
60 g Mehl
20 g Sojamehl
80 g Parmesan
2 EL Kerbel-Dip (siehe Seite 25)
1 EL Olivenöl
1 TL Bärlauchsalz
¼ TL geriebene Muskatnuss
Pfeffer
Kräuter (alles, was die Natur bietet, wie Petersilie, Kerbel, Basilikum, Kümmelkraut, Pimpinelle, Selleriekraut, Brunnenkresse, Bärlauch, ein Blatt Salbei, etc.)
Olivenöl und Butter zum Anbraten

Kartoffeln schälen und in Salzwasser weich kochen. Das Wasser in ein Gefäss abgießen – denn Kartoffelwasser stärkt auch die Zimmerpflanzen – und die warmen Kartoffeln weich stampfen. Parmesan reiben und mit Mehl, Sojamehl, Olivenöl und Maisgrieß unter die Kartoffeln mischen. Mit Bärlauchsalz, Pfeffer, Muskatnuss und Kerbelsoße würzen und den Teig ca. 30 Minuten stehen lassen, damit sich das Mehl und der Maisgrieß mit den Kartoffeln bindet.
Mit der flachen Hand Bratlinge formen und in einer Pfanne beidseitig braun anbraten.

Tomatensalat und knackig frischer Salat passen zu den Kräuter-kartoffelbratlingen am besten.

Omelette aux fines herbes

8 Eier (2 Eier pro Person)*
4 EL Wasser
Rosensalz oder Salz
Pfeffer
Frische Kräuter der Saison wie Pimpinelle, Petersilie, Basilikum, Minze, Kerbel – alles, was der Garten hergibt, oder Wildkräuter aus der freien Natur wie in meiner Neun-Kräutersuppe (siehe Seite 20)
1 TL Butter

* Ich selbst esse kaum Eier, aber Eieromelettes sind für Neovegetarier ein Proteindoping!

Eier mit Wasser, Rosensalz und Pfeffer verquirlen. In einer antihaftbeschichteten Pfanne Butter bei mittlerer Hitze schmelzen und den Eiermix eingießen. Kräuter nach Geschmack fein oder grob hacken und auf dem Omelette verteilen.
Bei sanfter Hitze das Omelette leicht fest werden lassen, dabei immer vorsichtig mit einer Gabel vom Rand zur Mitte ziehen. Die Oberfläche muss dabei sehr weich, fast flüssig bleiben. Das fertige Omelette aus der Pfanne gleiten lassen und eine Seite überschlagen.

Dazu Tomatensalat mit Balsamicoessig und herbem Olivenöl beträufelt – ein Gedicht!

Brennnesselstrudel

Im Südwesten Englands wird jedes Jahr ein Brennnesselwettessen veranstaltet, wo die Teilnehmer in einer Stunde so viele Brennnesselblätter wie möglich verschlingen.

FÜR DEN TEIG:
- 300 g glattes Mehl
- 125 ml Wasser
- 1 TL Salz

FÜR DIE FÜLLE:
- 500 g Brennnesselblätter
- 100 g Schafkäse
- 50 g Walnüsse
- 3–4 Knoblauchzehen
- ca. 1 EL Olivenöl
- 1 Msp. Muskatnuss
- 1 TL Salz
- schwarzer Pfeffer

Mehl mit Wasser und Salz zu einem glatten, sich von der Teigschüssel lösenden Teig kneten und 15 Minuten ruhen lassen. Brennnesseln grob schneiden und in einem Topf in etwas nicht zu heißem Olivenöl zusammenfallen lassen. Schafkäse grob mit den Fingern bröseln und mit den Brennnesseln mischen. Walnüsse grob hacken und zur Fülle geben. Mit Muskatnuss, Pfeffer, Olivenöl und Salz würzen. Mit zerdrückten Knoblauchzehen abschmecken.
Auf eine bemehlte Arbeitsfläche den Teig so dünn wie möglich auswellen. Die Brennnesselfülle gleichmäßig aufstreichen, an den Seiten einschlagen und einrollen. Den Strudel mit Olivenöl einpinseln und im vorgeheizten Backrohr bei 200 °C hellbraun backen.

Tomatensalat mit einer Vinaigrette aus Essig und Öl passt herrlich zum Strudel.

Silvias Hamburger

- 100 g Mehl
- 4 Semmeln
- 300 g gekochte Kichererbsen
- 2 große Zwiebeln
- Butterschmalz
- 1 Scheibe altes Brot
- 1 Bund Petersilie
- Rauchsalz
- 1 ½ EL Hefepaste
- ½ TL Schabzigerklee*
- 1 TL Paprikapulver

GEWÜRZMISCHUNG

- 1 TL Kümmel
- 1 EL Koriandersamen
- ½ TL schwarzer Pfeffer
- ¼ Muskatnuss
- 1 EL Majoran
- 1 TL Senfkörner
- 1 TL frisch geriebener Kren
- 1 EL Paprikapulver
- 3 Pimentkörner
- ½ TL Ajowan**
- 4 Stück Wacholderbeeren
- ½ TL Kreuzkümmel
- Petersilie
- Garnitur aus Salaten der Saison, Tomaten, Zwiebelringen …

* Das einjährige Schabzigerkleekraut, duftet getrocknet angenehm würzig und entfaltet auf der Zunge sein herbes Aroma. In der Schweiz wird Schabzigerklee zur Herstellung des Schabzigers, eines sehr aromatischen Käses, verwendet. In Südtirol verwendet man es unter dem Namen Zigainerkraut oder Brotklee als typisches Brotgewürz für das Vinschgauer Fladenbrot, Schüttelbrot und für Roggenbrote.

** Ajowan oder Adjowan ähnelt unserem Thymian und hat ein starkes Thymianaroma. In der indischen Küche dient Ajowan oft zum Würzen von stärkehaltigen Gemüsen wie z. B. Kartoffeln oder Hülsenfrüchten, die in Indien eine große Rolle als Proteinquelle spielen.

Gewürze anrösten, bis sie ihr Aroma verbreiten, anschließend in einer Kaffeereibe fein mahlen oder im Mörser anstoßen. Zwiebeln klein schneiden und in etwas Butterschmalz anbraten. Kichererbsen, Zwiebeln, Petersilie und Brot im Mixer zerkleinern, Rauchsalz, Schabzigerklee, Paprikapulver, Hefepaste und die geriebenen Gewürze zugeben und zu einem Teig kneten. 5 mm dicke »Vamburger« auf den Handflächen formen und in Butterschmalz anbraten. Semmel aufschneiden und mit Salat belegen. »Vamburger« auflegen, mit Tomatenscheiben belegen und eventuell mit einem Klecks Mayonnaise abschmecken.

Tomaten des Südens

- 8 große feste Tomaten
- 3 EL Pinienkerne
- 30 g Rosinen
- 3 EL Kapernbeeren
- 20 schwarze Oliven groß oder 1 EL Olivenpaste
- 4 Knoblauchzehen
- 1 große Zwiebel
- 120 g Semmelbrösel
- 1 Msp. Zimt
- 1 TL Meersalz
- Olivenöl
- 150 g Couscous

Tomaten waschen, mit einem Esslöffel aushöhlen und das Tomatenherz beiseite legen. Die ausgehöhlten Tomaten mit Salz und Pfeffer würzen. Zwiebel fein würfelig schneiden und in etwas Olivenöl anbraten.
Das Fruchtfleisch der Tomaten klein schneiden, Zwiebel zugeben und etwas einkochen. Rosinen, fein gehackten Knoblauch und Kapernbeeren, Zimt, Salz zufügen. Oliven entkernen, klein hacken und unter die Fülle mischen. Alles nochmals kurz durchbraten. Semmelbrösel einrühren und die Fülle in die Tomaten einfüllen.
Die gefüllten Tomaten in eine Auflaufform stellen und Couscous um die Früchte streuen. Die ersten 15 Minuten die Tomaten mit Alufolie bedecken und bei 200 °C ca. 30 Minuten backen.
Couscous saugt die von den Tomaten abgegebene Flüssigkeit auf, daher eventuell zwischendurch mit etwas Weißwein aufgießen.

Bärlauchquiche

FÜR DEN TEIG:
200 g Dinkelvollkornmehl
80 g Butter
3 EL kaltes Wasser
1 TL Bergkernsalz
50 g (1 Hand voll) Bohnen zum Blindbacken

FÜR DIE FÜLLE:
200 g Bärlauch
200 g Cottagecheese (oder 200 g Lopino)
150 g Kartoffeln
70 g Vollkorngrieß
125 ml Rahm oder 100 ml Sojacreme
1 Msp. geriebene Muskatnuss
1 EL Sesamsamen
1 TL Bergkernsalz
ca. 50 g geriebener Hartkäse
1 Kartoffel für den Belag als Dekoration

Vollkorndinkelmehl mit Butter, Salz und Wasser zu einem Teig verkneten und ca. ½ Stunde im Kühlschrank ruhen lassen.
Kartoffeln in Salzwasser weich kochen und mit einer Gabel zerdrücken. Bärlauch wiegen, mit Vollkorngrieß, Cottagecheese oder Lopino, Sojacreme oder Rahm und Kartoffeln mischen. Mit Muskatnuss und Salz würzen. Die Fülle ca. 10 Minuten quellen lassen.
Den Teig in Formgröße auswellen, in eine Quicheform oder Tortenform legen und an den Rändern hochdrücken. Bohnen auf den Teig verteilen und ca. 10 Minuten im vorgeheizten Backrohr bei 180 °C backen (das nennt man blindbacken, um dem Teig die Feuchtigkeit zu entziehen).
Sesam auf den Teig aufstreuen und Bärlauchmasse einstreichen. Die Kartoffeln schälen, in dünne Scheiben schneiden und blumenförmig auf der Bärlauchfülle auflegen. Im vorgeheizten Backrohr bei 180 °C ca. 30 Minuten hellbraun backen.

Focaccia mit Bärlauch

FÜR DEN TEIG:
200 g Mehl, glatt
200 g Vollkornmehl
60 ml Wasser
60 ml Olivenöl
1 Prise Salz

FÜR DIE FÜLLE:
ca. 150 g Bärlauch
200 g großer Mozzarella
oder 100 g Mozzarella und 100 g Schafkäse
etwas frisch gemahlener schwarzer Pfeffer

Beide Mehlsorten mit Wasser, Olivenöl und einer Prise Salz glatt kneten. Damit das Mehl bindet, den Teig ca. ½ Stunde ruhen lassen.
Inzwischen den Mozzarella in Stückchen schneiden sowie den Bärlauch mit einem großen Messer oder mit einer Kräuterwiege nicht zu fein wiegen.
Beide Teighälften auf einer bemehlten Arbeitsfläche so dünn wie möglich auswellen. Eine Teighälfte auf ein Backpapier legen und den Bärlauch sowie den Käse darauf verteilen. Mit frisch gemahlenem Pfeffer würzen. Die zweite Teigplatte auf den mit Käse belegten Teig legen und an den Rändern gut andrücken. Noch etwas Olivenöl auf den Teig sprenkeln und im sehr heiß vorgeheizten Backrohr bei mindestens 250 °C ca. 10 Minuten backen, bis die Oberfläche leicht braun ist.

Diese Focaccia am besten als Fingerfood genießen!

Biernockerln

mit Butter-Salbeibröseln

500 ml Malzbier oder Bier mit 1 TL Zucker versetzt
1 TL Salz
300 g Maisgrieß
125 ml Sauerrahm
500 ml dunkles Bier für den Sud
60 g Mehl
2 EL Butter
4 EL Brösel aus altbackenem Brot (Vollkornbrot)
6 Salbeiblätter
etwas Salz

Bier mit dem Salz in einem Topf aufkochen lassen und den Maisgrieß unter Rühren zugeben. Den Grießbrei mit Sauerrahm und Mehl glatt rühren und etwas abkühlen lassen, damit der Mais ausquillt und sich bindet. Für den Sud Bier erhitzen. Nun mit zwei Esslöffeln »Nocken stechen«, das heißt, die Löffel in Wasser tauchen, Grießmasse mit einem Löffel aufnehmen und mit dem zweiten Löffel glatt streifen. Nockerln in den Biersud legen, in dem sie einige Minuten ziehen müssen.
Inzwischen die Butter aufschäumen, die Salbeiblätter und Brösel zugeben und leicht bräunen. Nockerln aus dem Sud heben und mit den Bröseln bestreuen.

Am besten passen herbe Salate wie Radicchio, Feldsalat, Chicoree zu den Nockerln – und ein kühles Bier!

Spaghetti Sojanaise

400 g Spaghetti
2 Zwiebeln
60 g Sojagranulat
250 ml Rotwein
2 EL Ajvar*
1 geh. EL Hefepaste
3 Knoblauchzehen
4 Stück getrocknete Tomaten
1 EL Oregano
1 Prise Thymian
250 ml passierte Tomaten
1 EL Tomatenmark
1 EL Balsamicoessig
1 EL Kapern
1 gestr. TL Meersalz
1 gestr. TL Zucker
Chilipulver
frisch geriebener Parmesan
Olivenöl

Das klassische Rezept der Bolognese kommt übrigens ohne Tomaten aus. Stattdessen werden gestiftelte Karotten und Stangensellerie verwendet.

* Ajvar ist ein Paprika- oder Paprika-Auberginenmus, das kalt als Brotaufstrich auf geröstetem Brot wie Crostini sehr pikant im Geschmack ist oder als Würzmittel verwendet wird.

Zwiebeln schälen, fein würfelig schneiden und in Olivenöl anrösten. Sojagranulat zugeben, durchrühren und mit Rotwein aufgießen. Getrocknete Tomaten in feine Streifen schneiden und unter die Zwiebel-Soja-Masse rühren.
Nun passierte Tomaten, Tomatenmark, kleingehackte Kapern, auf Salz zerquetschte Koblauchzehen, fein gehackter Oregano und etwas Thymian, Hefepaste, Zucker, Salz, Chili und Balsamicoessig unter die Sojagranulatsoße mischen und bei geringer Hitze etwas einkochen lassen.
Nudeln in Salzwasser al dente (bissfest) kochen, abseihen, mit Wasser abschwemmen und auf Tellern anrichten. Soja-Sugo auf die Nudeln geben und mit frisch geriebenem Parmesan garnieren.

Rhabarberkuchen mit Kokos und Mohn

- 300 g Rhabarber
- 1 EL Zucker
- 150 g Butter
- 180 g Vollrohrzucker
- 1 Päckchen Vanillezucker
- 3 Eier
- 300 g glattes Mehl
- 1 Päckchen Backpulver
- 50 g gemahlener Mohn
- 50 g Kokosraspel
- 1 Prise Rosensalz

Rhabarber schälen und in ca. 3 cm lange Stücke schneiden. In ca. 200 ml Wasser und etwas Zucker kurz dünsten, herausnehmen und abtropfen lassen.
Butter mit Vollrohrzucker und Vanillezucker verrühren, ganze Eier zugeben und die Masse cremig rühren.
Mehl mit Backpulver sieben und mit Mohn, Kokosraspeln und einer Prise Rosensalz mischen. Das gesiebte Mehl in die Masse einrühren. Die abgetropften Rhabarberstücke vorsichtig unterheben.
Den Teig in eine gefettete, bebröselte Kuchenform füllen und bei 180 °C ca. 45 Minuten backen.
Nach dem Erkalten aus der Form stürzen und sofort mit Staubzucker bestreuen. Wenn der Kuchen beim Bestreuen noch warm ist, bildet der Staubzucker eine hauchdünne Kruste.

Rhabarberstangen in Bierteig

- 1 Bund Rhabarber, mittelgroß
- 250 ml Weizenbier
- 220 g Mehl
- 2 Eier
- 1 Prise Rosensalz oder Salz
- 50 g Vollrohrzucker
- 1 EL geschmolzene Butter

Rhabarber schälen. Eidotter vom Eiklar trennen. Mehl mit Bier, Salz, Butter und Zucker glatt rühren und ca. ½ Stunde ruhen lassen. Eiklar mit etwas Zucker steif schlagen und unter den Teig unterheben.
Rhabarber in passende Stücke schneiden, durch den Teig ziehen und in heißem Öl backen. Wenn der Rhabarber goldbraun ist, herausnehmen und auf ein Küchenpapier zum Abtropfen legen. Mit Staubzucker bestreuen und noch warm servieren.

Damit der Rhabarber früher geerntet werden kann, stülpe ich ihm einen Blumentontopf über.

Rhabarbermuffins

150 g Rhabarber
250 g Mehl
160 g Vollrohrzucker
2 Eier
100 ml Kokosmilch
2 TL Backpulver
½ TL Natron
1 Prise Salz

Rhabarber schälen und in kleine Stücke schneiden. Mehl mit Backpulver, Natron, Salz, Vollrohrzucker mischen. Eier mit Kokosmilch cremig rühren und mit der Mehlmischung vermengen.
Papierförmchen in die Muffinformen stecken und den Teig in den Förmchen verteilen. Im vorgeheizten Backrohr bei 200 °C ca. 30 Minuten backen, bis der Teig rund über die Förmchen quillt und Farbe angenommen hat. Etwas auskühlen lassen.

Englische Rhabarbermarmelade mit Orangen

1 kg Rhabarber
1 kg Einmachzucker
3 Bio-Orangen
1 TL Einkochhilfepulver
70 ml Gin

Die Schale dünn von der Orange schneiden, dabei nicht das weiße Faserfleisch der Frucht mitschneiden. Die Orangenschale in dünne Streifen (Zesten), die Früchte in Stücke schneiden. Rhabarber schälen und in grobe Stücke teilen.
Alle Früchte gemeinsam mit Zucker und Einkochhilfe in einem Topf zum Köcheln bringen. Orangenzesten zugeben. Mit Gin abschmecken und in sterile kleine Gläser abfüllen. Die Ränder abwischen, verschließen und die Gläser auf den Deckel stellen.

Mohnkuchen Attersee

Eine Hommage an den Mohnkuchen von Herta, der ehemaligen Hüttenwirtin vom Hochleckenhaus, auf 1572m Höhe im Höllengebirge im Atterseegebiet gelegen. Das Hochleckenhaus ist ein beliebtes Wanderziel für Bergwanderer und nur zu Fuß nach etwa 2 Stunden Aufstieg zu erreichen. Der Mohnkuchen auf der Hütte war legendär und inspirierte mich zu diesem Rezept.

6 Eier
120 g Butter
150 g Zucker
150 g Biskuitbrösel
300 g gemahlener Mohn
1 TL Backpulver
ca. 250 ml Milch
1 TL Zimt
1 EL Rum

Dotter und Eiklar trennen. Eiklar mit einem Teil des Zuckers steif schlagen. Zimmerwarme Butter in Stücke schneiden, mit den Dottern und dem restlichen Zucker cremig rühren. Biskuitbrösel, Mohn, Zimt und Backpulver mischen und abwechselnd mit der Milch unter die Eimasse mischen. Falls der Teig zu dünn ist, 1–2 EL Mehl untermischen. Eischnee unterheben.
Rum zugeben und in eine gefettete Form streichen. Im vorgeheizten Backrohr bei 180 °C 1 Stunde backen, danach etwas auskühlen lassen und mit Zucker bestreut servieren.

Sommer

Wenn der Sommer in meinem Garten Platz genommen hat, dann lachen die roten, saftigen Erdbeeren unter den Rosen hervor und zaubern mit ihrem Duft und ihrer Süße ein Lächeln auf meine Lippen. Die Kirschen am Baum blähen ihre Backen Richtung Sonne, was auch die Vögel bemerken. Sie scheinen meine Vorgabe zu beherzen, dass ihnen die Früchte der oberen Baumhälfte zustehen und mir die der unteren. Auch die Himbeeren schaukeln frisch und rot im warmen Sommerwind. Nun leuchtet der Garten in allen Farben, die Gemüsebeete sind regelrecht zugewachsen mit Karottengrün, Brokkolirosen, Zwiebeln, Stangensellerie und Mangoldblättern. Die Stangenbohnen ranken sich auf dem Haselnussgerüst, und ihre Blüten leuchten in knalligem Orange. Unter ihnen macht sich das Bohnenkraut breit, und auch der Mais scheint in den Himmel zu wachsen. Die Zucchini- und Kürbisblüten öffnen, so weit sie können, ihren Blütenschlund für die Bienen, was ihnen der Imker im Herbst dankt. Den Kürbisranken kann man mit freiem Auge beim Wachsen zusehen, um sich über die kommenden Kürbis-Kolosse zu freuen. Auch die Kräuter sollen jetzt noch vor der Blüte geerntet und als Kräuterpesto in Öl eingelegt werden.

Tomaten werden rot, Salate kriegen Köpfe und das zarte Kraut der Roten Rüben lockt die Wildtiere aus dem Wald. Für mich ist es die schönste Zeit im Jahr, denn nun muss ich mich entscheiden, mit welchem Gemüse ich unser Essen zubereite. So entstehen die meisten meiner Rezepte. Ich liebe es, mich zwischen die Beete zu zwängen und die Pflanzen zu pflegen, manchen von ihnen Einhalt zu gebieten, dabei auf die natürlichen Helfer gegen Krankheiten und Schädlinge wie Käfer, Erdspinnen und Regenwürmer zu achten und unsere vollgefressenen Kröten zu beobachten, die zu faul zum Hüpfen geworden sind. Wenn ich dann knackiges Gemüse ernte und kurz gegart mit Polenta oder Nudeln in Salbeibutter und Tomatensalat mit einem frischen Bier genieße, dann ist das für mich das Paradies auf Erden!

Salatsuppe

mit Blättern von gestern

Warum aus Salatblättern nur Salat zubereiten?

500 g Kartoffeln
1 Kopfsalat
2 Blätter frisches Aniskraut* oder einige Anissamen
1 Zweig frisches Fenchelkraut**
1 TL Gemüsebrühwürze
1–2 EL Sojacreme oder Sauerrahm
500 ml Wasser

* Frische Anisblätter sind besonders mild. Anis oder Süßer Kümmel ist seit jeher eine wichtige Heilpflanze gegen Verdauungsstörungen. Darum werden seit vielen Jahren bekannte anishaltige Digestifs wie Pernod, Ouzo, Raki und Anisette hergestellt, die nach dem Essen getrunken werden.

** Die Römer brachten Fenchel in den Alpenraum. Seine Inhaltsstoffe wirken vor allem krampflösend.

Wasser mit Gemüsebrühwürze zum Kochen bringen und die geschälten, gewürfelten Kartoffeln darin weich kochen. Den Salat grob schneiden und mit den fein gewiegten Kräutern den Kartoffeln beigeben. Die Suppe mit dem Pürierstab pürieren und mit Salz und Sojacreme oder Rahm abschmecken.

Als Einlage: Germbussis (siehe Seite 63)

Germbussis

200 g glattes Mehl
80 g Rosinen
500 ml lauwarme Milch
1 ganzes Ei
1 geh. EL griffiges Mehl
1 EL Zucker
1 EL Öl
1 TL Bergkernsalz
½ Päckchen Trockengerm oder 10 g frische Germ (Hefe)

In einem Weitling Mehl mit Salz und Germ mischen. Warme Milch mit Ei versprudeln und über das Mehl gießen. Öl dem Mehl zugeben und gut durchrühren.
Nun wird die Masse mit einem großen Kochlöffel ca.10 Minuten so lange geschlagen, bis der Teig Blasen wirft. Anschließend den Teig zugedeckt an einem warmen Ort oder im Backrohr bei 50 °C zu doppelter Größe gehen lassen.
Mit einem Löffel kleine Knöllchen vom Teig abstechen und in einer Pfanne mit fingerhohem, heißem Öl auf beiden Seiten anbraten.

Noch warme »Bussis« schmecken am besten!

Auberginen-Couscous-Finger

- 1 Aubergine
- 50 g Couscous
- ca. 125 ml Wasser
- 1 Packung Reispapier
- Basilikumblätter*
- Meersalz
- Olivenöl

* Das Basilikumkraut stammt aus Indien. Der Name kommt aus dem Griechischen: Basileus bedeutet König. In der Heilkunde wird das Kraut gegen Magenbeschwerden und Blähungen eingesetzt. Basilikumkraut oder Deutscher Pfeffer (auch als Hirnkraut bekannt) ist reich an Mineralsalzen.

Aubergine der Länge nach in 5 mm dicke Scheiben schneiden, leicht salzen und 10 Minuten ziehen lassen. Anschließend abspülen und trocken tupfen.
Die Scheiben in Olivenöl hellbraun anbraten und auf ein Küchenpapier legen.
Den Couscous in kochendes Salzwasser einrühren, zudecken, vom Herd nehmen und ausquellen lassen.
Ein Reispapierblatt ausbreiten. Abgezupfte Basilikumblätter auf die Reispapierblätter aufbreiten und Auberginenscheiben darauf legen. Couscous aufstreichen und einrollen.
Etwas Olivenöl in einer Bratpfanne erhitzen und die Auberginenfinger rundum anbraten.
Als Farbtupfer und Abrundung lege ich gern Tomaten um die Röllchen.

Borretschblüte

Cognac-Aufstrich mit geräuchertem Tofu

200 g Tofu, geräuchert
40 g Buchweizenmehl oder 4 EL Haferflocken
2 EL Cognac
15 g Sojamehl
15 Salbeiblätter
2 TL Rosmarin*
125 ml Sauerrahm oder Sojacreme
1 TL Krensalz
grüner Pfeffer
Schnittlauch

* Wie viele stark duftende Gewürze diente auch Rosmarin bereits in der Antike zur Geisterbannung und dient auch heute noch im mediterranen Raum als Glückssymbol zum Beispiel bei Hochzeiten als Brautkranz oder Sträußchen. Durch seine anregende Wirkung wird Rosmarin in der Naturheilkunde speziell bei niedrigem Blutdruck verwendet.

Salbeiblätter, Rosmarin und grünen Pfeffer in der Küchenmaschine zerkleinern. Den geräucherten Tofu, Buchweizen, Cognac, Sojamehl, Rahm oder Sojacreme und Salz ebenfalls in der Küchenmaschine zu einer feinen Masse zerkleinern und mit den Kräutern mischen. Schnittlauch in feine Röllchen schneiden und über den Aufstrich streuen.
Dazu passen deftige Sauerteig- und Roggenbrote.

Der würzige Aufstrich ist erfrischend und passt bestens zu einer Bierjause.

Feuerwürze

- 120 g kleine Chilischoten* bunt (rote, grüne, orange)
- 250 ml bestes Olivenöl
- 6 getrocknete Tomaten in Öl
- 2 Hand voll frisches Korianderkraut
- 2 Karotten
- 1 Petersilienwurzel
- 10 Knoblauchzehen
- 2 EL Kreuzkümmel
- 2 EL Kümmel
- 2 EL Koriandersamen
- 2 EL Meersalz

* Die Schärfe der Chilischoten, Capsaicin, wird schon beim ersten Kontakt mit der Zunge direkt ans Gehirn weitergeleitet, was sogleich eine Ausschüttung von Endorphinen, die Glücksgefühle erzeugen, bewirkt. Übrigens: Auch Rheumapflaster enthalten Capsaicin.

Erst Kreuzkümmel, Kümmel und Koriandersamen in einer trockenen Pfanne kurz anrösten und in der Küchenmaschine fein mahlen. Die geschälten Knoblauchzehen zugeben und nochmals alles gemeinsam mahlen. Frische Korianderblätter beifügen und zu einer glatten Paste zerkleinern.
Petersilienwurzel und Karotten schälen und mit einer Raspel fein reiben.
Chilischoten der Länge nach einschneiden, den Strunk und die Kerne entfernen. In der Küchenmaschine sehr fein zerkleinern, dann erst die getrockneten Tomaten zufügen und zu einer feinen Creme mixen.
Geriebene Petersilienwurzel und Karotten sowie Gewürzpaste beifügen und alles noch einmal so fein wie möglich cremig pürieren.
Die Paste in ein größeres Gefäß streichen und mit Olivenöl mischen. Die fertige Gewürzpaste in kleine Gläser abfüllen und mit Olivenöl auffüllen. Nach Verwendung immer mit Olivenöl wieder auffüllen!

Passt wunderbar zu Gulasch, Sugo und wärmenden Suppen.

FEUER
WÜRZE

Glückskugeln mit Karotten

350 g Karotten
100 g geriebene Mandeln
70 g Kichererbsenmehl
70 g Weizenmehl
70 g Vollkorngrieß
2 EL Mandelöl
½ TL Cayennepfeffer nach Geschmack
1 ½ TL Garam Masala
½ TL Kurkuma (Gelbwurz)*
2 TL Salz oder schwarzes Salz
frische Korianderblätter
viel frische Petersilie
Haferflocken für die Panade

Dazu passt die schnelle Jogurtsoße von Seite 29.

* Das entzündungshemmende Kurkuma soll laut Ayurveda-Medizin Speisen entgiften und wirkt entzündungshemmend speziell bei rheumatischer Arthritis.

Die Karotten fein reiben. Mandeln, Vollkorngrieß, Weizenmehl und Kichererbsenmehl mit den Karotten mischen. Frische Korianderblätter und Petersilie fein wiegen und gemeinsam mit Salz, Garam Masala, Cayennepfeffer und Kurkuma würzen. Die Karottenmasse ca. 15 Minuten stehen lassen, damit der Grieß quellen kann.
Mit der flachen Hand Bällchen formen und in Haferflocken wenden. In einer Bratpfanne Öl erhitzen und bei geringer Hitze die Glückskugeln auf allen Seiten bräunen.

Silvias GARAM MASALA:
4 EL Koriandersamen, 2 EL Kreuzkümmelsamen, 1 TL schwarze Pfefferkörner, ½ TL ganze Nelken, 2 Zimtstangen
In einer schweren gußeisernen Bratpfanne die Gewürze getrennt ohne Fett anrösten bis das Gewürz jeweils einen Ton dunkler geworden ist und ein frisches Aroma ausströmt. Alle Gewürze gemeinsam in einer Kaffeemühle zu feinem Pulver mahlen.

Paprikapolenta mit Tofu

Mit den Spaniern kam der Paprika nach Europa und schließlich in die Türkei. Von dort kam er in das klassische Paprikaland, ins südliche Ungarn und wurde zum Nationalgewürz der Magyaren.

- 180 g Polenta
- 500 ml Wasser
- 200 g Tofu
- 50 g Vollkornmehl
- ½ Bund Petersilie
- 1 Gemüsebrühwürfel
- 3 EL Ricottakäse oder Sojacreme
- 2 EL Paprikapulver
- 1 EL Walnussöl
- 1 EL Sojasoße
- 1 TL Bergkernsalz
- 1 Msp. Muskatnuss
- Pfeffer
- 2 EL Semmelbrösel zum Bestreuen

Dazu passen bunte Salate mit viel Petersilie – eine Augenweide!

Tofu in kleine Würfel schneiden, mit Sojasoße und Paprika mischen und durchziehen lassen.
Wasser mit Gemüsebrühwürfel zum Kochen bringen und die Polenta einstreuen, auf geringe Hitze zurückdrehen. Walnussöl unter die Polenta mischen und unter ständigem Rühren glatt rühren, bis sich die Masse vom Topf löst.
Die Petersilie fein wiegen und mit dem Vollkornmehl unter die Polenta mischen. Mit Muskatnuss, Salz, Pfeffer und Ricotta oder Sojacreme würzen und den Tofu mit der Polenta mischen.
Auf eine Alufolie Semmelbrösel streuen, die Polenta aufstreichen und mittels der Folie eine Rolle formen. Fingerdicke Schnitten schneiden und entweder gleich servieren oder zuvor beidseitig kurz anbraten.

Zucchinilasagne mit Tomatencurrysoße

- 12 Lasagneblätter
- 2 Zucchini
- 500 ml passierte Tomaten
- 80 g Walnüsse
- 125 ml Sojacreme oder Sauerrahm
- 1 EL Currypulver*
- ½ TL Vollrohrzucker
- 2 EL Johannisbrotkernmehl oder Stärkemehl
- 1 EL Oregano
- 4–5 Knoblauchzehen
- Muskatnuss
- Chilipulver
- 1 TL Meersalz
- 80 g Käse zum Überbacken

Wichtig: Lasagne immer im bereits ausgeschalteten Backrohr etwas rasten lassen, so lässt sie sich besser portionieren.

* Bestandteile des Currypulvers sind Cayennepfeffer, schwarzer Pfeffer, geröstete Koriandersamen, Kardamom, Kreuzkümmel, Kurkuma, Bockshornkleesamen, Ingwer, Zimt und Gewürznelken.

Zucchini in Längsscheiben schneiden, in etwas Olivenöl kurz anbraten und auf ein Küchenpapier auflegen. Walnüsse grob hacken und kurz in Öl anrösten. Passierte Tomaten mit Sojacreme und Vollrohrzucker verrühren. Mit Muskatnuss, Chili, Oregano, Curry, gehackten Knoblauchzehen und Meersalz würzen und mit Johannisbrotkernmehl eindicken. Eine befettete Auflaufform mit einer Lage Zucchinischeiben belegen, diese leicht salzen, mit Walnüssen bestreuen und mit Tomatensoße bedecken. Lasagneblätter auflegen, darüber wieder Zucchinischeiben auflegen und wie bei der ersten Lage weiterarbeiten, dabei mit Lasagneblättern abschließen. Diese mit Tomatensoße bestreichen, mit geriebenem Käse bestreuen und mit Alufolie bedecken. Im vorgeheizten Backrohr bei 180 °C ca. 50 Minuten backen. Die letzten 15 Minuten die Folie abnehmen, damit der Käse bräunen kann.

Erdäpfelwaffeln

600 g mehlige Erdäpfel (Kartoffeln)*
80 g Maisgrieß
60 g Mehl
125 ml Bier
1 ½ TL Salz
½ TL geriebener Kümmel
½ TL geriebene Muskatnuss
schwarzer Pfeffer
Butter oder Öl zum Einfetten des Waffeleisens

*Die Kartoffelknolle ist ein Universalgemüse – sehr leicht verdaulich und stärkend.

Erdäpfel in Bier weich kochen und stampfen. Mehl und Maisgrieß unterkneten und mit Salz, Muskatnuss, Kümmel und Pfeffer würzen.
Das Waffeleisen vollständig heiß werden lassen und die Pressflächen mit Butter einstreichen. Aus dem Teig mit den Händen Knödel formen und auf das Waffeleisenblech legen. Das Waffeleisen fest zusammendrücken und goldbraune Erdäpfelwaffeln backen.

Dazu passt der Rahmdip von Seite 25!

Paprikagewürzroller

4 große feste frische Paprikaschoten
50 g Walnüsse
100 g Roggen*
1 Karotte
1 Stange Lauch
1 kleine getrocknete Chilischote
1 TL Schwarzkümmel
1 TL Salz
½ TL Koriandersamen
1 Msp. Muskatnuss
viel Pimpinelle** und grüne Gartenkräuter
ev. 100 g Emmentaler oder Schafkäse
1 Gemüsebrühwürfel
500 ml Wasser
einige Zahnstocher

* Roggen ist ein Kraftspender und kräftiger im Geschmack als Weizen.

** Pimpinelle ist der Petersilie ähnlich. Ich schätze sie sehr, weil die Pimpinelle – im Gegensatz zur Petersilie – meinen Schnecken im Garten nicht schmeckt!

Paprikaschoten halbieren, die Strünke herausschneiden und die Hälften mit der Haut nach oben auf ein Backblech unter den Griller im Backrohr legen. Sobald sich braune Blasen gebildet haben, in kaltes Wasser legen und Haut abziehen.
Roggen grob schroten und in Wasser mit Gemüsebrühwürfel ca. 10 Minuten weich dünsten und ausquellen lassen.
Die Karotte raspeln, den Lauch fein schneiden und beides in etwas Sesamöl andünsten. Walnüsse grob hacken. Alle Kräuter fein wiegen und mit dem Roggen unter das Lauchkarottengemüse mischen. Koriandersamen und die Chilischote im Mörser anstoßen und verreiben. Mit Schwarzkümmel, geriebener Muskatnuss, Chili und Koriander die Roggenfülle würzen. Den Käse reiben und untermengen.
Die Roggenmasse auf die Paprikaschoten streichen, einrollen und mit einem Zahnstocher zustecken. In Olivenöl rundherum anbraten.

Okrakartoffelauflauf mit Tomatensalat

Die aus Äthiopien stammenden Okras sind Malvengewächse und werden auch Gemüse-Eibisch genannt. Sie sind besonders für magenempfindliche Personen zu empfehlen.

500 g frische Okras*
2 große Kartoffeln
250 ml Milch
Saft einer Zitrone
60 g Mehl
½ TL Salz
weißer Pfeffer
Muskatnuss
1 TL Butter

FÜR DEN SALAT:
500 g Tomaten
½ TL Dijonsenf
2 EL bestes Olivenöl
2 EL Balsamicoessig
Meersalz und Pfeffer

Die Kartoffeln schälen und in dicke Scheiben schneiden. Die Stängelseite der Okras mit einem kleinen Messer vorsichtig wie einen Bleistift spitz zuschneiden. Wenn zu viel weggeschnitten wird, tritt der Saft der Okras aus. Die Okras gemeinsam mit den Kartoffeln kurz kochen, besser noch in einem Dampfgarer garen und in eine Auflaufform füllen. Butter in einem Topf schmelzen und das Mehl darin anschwitzen lassen, mit Milch aufgießen und glatt rühren. Mit Salz, geriebener Muskatnuss und Pfeffer würzen.
Den Zitronesaft über das Gemüse gießen und die Soße darüber verteilen. Eventuell etwas Käse zum Überbacken darüber streuen und ca. 30 Minuten bei 180 °C im Backofen backen.
Für den Salat Tomatenstängelansatz abschneiden und die Tomaten quer in der Mitte durchschneiden. Die Samen leicht herausquetschen und die Frucht in Scheiben schneiden. Eine Vinaigrette aus Olivenöl, Essig und Senf mixen, salzen, pfeffern, Tomatenscheiben zufügen, mischen und kurz ziehen lassen.

Auberginenschnitzel
in Bananenkartoffelpanade

1 große Aubergine (auch Eierfrucht oder Melanzani)
1 große Banane
1 große Kartoffel
1 EL Sojamehl, fett (siehe Seite 9)
50 g Vollkornmehl
50 g Vollkornbrösel
125 ml Wasser
Meersalz
Pfeffer
Muskatnuss, gerieben

Aubergine waschen und der Länge nach aufschneiden. Die Schnittflächen salzen und ca. 15 Minuten ziehen lassen. Anschließend mit Wasser abwaschen.
Vollkorn- und Sojamehl mit Wasser zu einem dicklichen Teig verrühren und mit etwas Salz, Muskat und Pfeffer würzen. Die Kartoffel schälen, grob raspeln und unter den Teig mischen. Die Banane in einer flachen Schüssel mit einer Gabel zerdrücken und ebenfalls unter den Teig rühren.
Die Aubergine in ca. 1 cm dicke längliche Scheiben schneiden, beidseitig dick mit dem Teig bestreichen und beide Seiten in Vollkornbrösel andrücken. In einer großen Pfanne Öl erhitzen und die Auberginenschnitzel darin bei mittlerer Hitze goldbraun auf beiden Seiten anbraten.

Da die Aubergine in der Mitte schön weich ist, braucht man keine Soße dazureichen. Mit Karottensalat serviert, erfreut dieses Gericht nicht nur die Augen.

Eierschwammerln mit Rosinen

500 g Eierschwammerln (Pfifferlinge)*
1 Frühlingszwiebel
50 g Haselnüsse
3–4 Knoblauchzehen
2 EL Balsamicoessig
1 EL Rosinen
125 ml Mascarino oder Kokosmilch
1 EL Garam Masala (siehe Seite 70)
1 Prise Muskatnuss
Bergkernsalz
Pfeffer

* Die besten Pilze sind die selbst gesammelten. Beim Sammeln immer mit einem Schneidemesser arbeiten und die Pilze im Körbchen nach Hause tragen.

Die Frühlingszwiebel fein nudelig schneiden und in Öl kurz anbraten. Eierschwammerln putzen und grob teilen. Grob gehackte Haselnüsse, Rosinen und Eierschwammerln mit den Zwiebeln anrösten. Mit Balsamicoessig, gehacktem Knoblauch, Garam Masala und Bergkernsalz würzen. Mascarino unterrühren und noch etwas ziehen lassen. Mit etwas Wasser aufgießen.

Je nach Gusto und Wunsch mache ich dazu klassische Semmelknödel (siehe Seite 131) oder Bandnudeln.

Mohn-Marzipankuchen mit Kirschen und Schnaps

FÜR DEN MÜRBETEIG:
- 400 g Mehl
- 250 g Margarine
- 50 g Vollrohrzucker
- 70 ml Roséwein oder Wasser
- 1 Päckchen Vanillezucker
- 1 Prise Salz

Anishaltige Getränke sind das beste Aphrodisiakum!

FÜR DEN BELAG:
- 1 kg Kirschen, entkernt
- 500 ml Milch oder Roséwein
- 200 g Mascarpone
- 50 g Maisstärke
- 100 g geriebener Mohn
- 200 g Marzipan
- 1 EL Anisschnaps
- 80 g Vollrohrzucker
- 1 TL Zimt
- ½ TL Kardamom
- Zitronenschale

FÜR DEN STREUSEL:
- 150 g Mehl
- 100 g Margarine
- 50 g Vollrohrzucker

Mehl mit Margarine, Vollrohrzucker, Vanillezucker und Salz rasch zu einem Teig verarbeiten und ½ Stunde im Kühlschrank ruhen lassen. Milch oder Roséwein erhitzen, Maisstärke einrühren und abkühlen lassen. Mascarpone, Mohn, Anisschnaps, Zimt, Kardamom, Vollrohrzucker, Zitronenschale und erwärmtes Marzipan, in Stückchen geteilt, mit einem Stabmixer glattrühren.

Den Teig auswellen und auf ein mit Backpapier ausgelegtes Blech legen. Die Mohnmasse auf den Teig streichen und eng mit Kirschen belegen.

Für den Streusel das Mehl mit der Margarine und dem Vollrohrzucker mit den Fingern krümeln und über die Kirschen streuen. Im vorgeheizten Backrohr bei 180 °C 1 Stunde backen.

Bunter, saftiger Beerenkuchen mit Sauermilch

1 kg gemischte Beeren
(Schwarzbeeren, Johannisbeeren, Stachelbeeren)*
2 Eier
220 g Vollrohrzucker
500 ml Sauermilch oder Buttermilch
500 g glattes Mehl
1 ½ Päckchen Backpulver
1 Päckchen Vanillezucker

FÜR DEN STREUSEL:
250 g Topfen (Quark)
150 g Mehl
50 g Vollrohrzucker
50 g gehobelte Mandeln

* Beeren sind Vitamin-C-Bomben. Die Schwarzbeere hilft gegen alle Darmerkrankungen.

Die Eier mit Zucker und Vanillezucker cremig rühren. Das Mehl mit dem Backpulver sieben und abwechselnd mit der Sauermilch unter die Eimasse mischen. Den Teig auf ein mit Backpapier ausgelegtes Blech aufstreichen.
Für den Streusel Topfen mit Mehl und Zucker grob mit den Fingern krümeln und gemeinsam mit den Beeren auf den Teig verteilen.
Gehobelte Mandeln über den Kuchen streuen und im vorgeheizten Backrohr bei 180 °C ca. 30 Minuten backen.

Grüner Haselnussrahmkuchen mit Zucchini

2 Eier
110 g Vollrohrzucker
1 Päckchen Vanillezucker
100 g geriebene Haselnüsse*
250 g Mehl
1 ½ Päckchen Backpulver
1 EL Zimt
250 g geriebene Zucchini
125 ml Sauerrahm
100 g Kochschokolade
1 EL Kokosfett für die Glasur

* Der Haselstrauch war bei den Germanen dem Fruchtbarkeitsgott Donar geweiht, und Haselgerten werden gerne als Wünschelruten verwendet, um Wasseradern aufzuspüren.

Eier mit Vollrohrzucker und Vanillezucker dickflüssig rühren. Geriebene Haselnüsse, Zimt, Mehl und Backpulver vermischen und abwechselnd mit Sauerrahm unter die Eimasse mengen. Die geriebenen Zucchini auspressen (den Saft kann man trinken) und die Zucchiniraspel unter den Teig rühren.
Die Masse in einer gefetteten und bebröselten Kastenform verteilen. Im vorgeheizten Backrohr bei 200 °C ca. ¾ Stunde backen. Vor dem Herausnehmen eine Nadelprobe machen!
Für die Glasur Kokosfett schmelzen, die Schokolade im Fett erwärmen und den Kuchen damit bestreichen.

Feigenknödel

10 große, dunkle Feigen

FÜR DEN TEIG:
500 g Topfen
1 Ei oder Sojamehl, fett (siehe Seite 9)
50 g Grieß
250 g Mehl, glatt
2 EL Zucker
2 EL Öl
1 Prise Salz
1 Msp. Muskatnuss

ZUM WÄLZEN:
100 g Semmelbrösel
1 EL Zucker
1 Päckchen Vanillezucker
50 g Mandeln, gehobelt
etwas Butter

Den Topfen mit Grieß, Mehl, Ei oder Sojamehl, Zucker, Öl, Salz und Muskatnuss zu einem glatten Teig verarbeiten und etwas ruhen lassen.
Anschließend aus dem Teig eine dicke Rolle formen und in gleich große Scheiben für die Knödel schneiden. Jeweils ein Teigstück mit der Hand auseinanderdrücken und eine Feige aufsetzen. Den Teig um die Feige gut zusammendrücken, sodass der Knödel gut verschlossen ist.
Salzwasser zum Kochen bringen, die Knödel in das Wasser einlegen und sofort umrühren. Die Herdplatte zurückschalten und die Knödel bei geringer Hitze ziehen lassen, bis sie obenauf schwimmen.
Butter in einer Pfanne erhitzen und Mandeln, Zucker, Vanillezucker und Semmelbrösel leicht anrösten. Die fertigen Knödel vorsichtig herausnehmen und in den Bröseln rollen.

Feigenkompottsoße:
Falls noch Feigen übrig geblieben sind, diese vierteln und in einem Topf mit 70 ml Portwein anschwitzen, ein Paar Basilikumblätter dazu und zu den Knödeln servieren.

Roter Marillenkuchen mit Schokobiss

In der Wachau kündigt die Marillenblüte den Frühling an.
Doch der Baum stammt ursprünglich aus China.

- 500 g Marillen (Aprikosen)
- 100 g Vollrohrzucker
- 200 g Mehl
- 2 Eier
- 125 ml Sonnenblumenöl
- 125 ml Roter Rübensaft
- 80 g Bitter- oder Kochschokolade
- 25 g geriebene Mandeln
- 25 g Kokosraspel
- 1 Päckchen Vanillezucker
- ½ Päckchen Backpulver
- etwas abgeriebene Zitronenschale
- 1 Prise Salz
- 1 EL Gin

Die ganzen Eier mit Vollrohrzucker, Vanillezucker, Salz und Sonnenblumenöl cremig rühren. Das Mehl mit Backpulver sieben und mit den Mandeln und Kokosraspeln mischen. Mit dem Roten Rübensaft und Gin abwechselnd das Mehl unter die Eimasse rühren. Schokolade in kleine Stücke hacken und mit der geriebenen Zitronenschale unter den Teig mengen.
Die Teigmasse auf ein mit Backpapier ausgelegtes Blech gleichmäßig aufstreichen. Marillen entkernen, halbieren und mit der Schnittfläche nach unten auf den Teig legen. Im vorgeheizten Backrohr bei 180 °C ca. 35 Minuten backen.

Kekserlkaramell-Beerenmix

- 200 g gezuckerte Kondensmilch in der Dose
- 100 g Butterkekse
- 3 EL gesalzene Butter zerlassen oder normale Butter mit ½ TL Salz
- 200 g Mascarpone
- 125 ml Buttermilch
- 250 g Beeren der Saison
- 1 EL Kakaopulver

Die ungeöffnete Kondensmilchdose in einen mit Wasser gefüllten Topf stellen und 3 Stunden köcheln lassen. Dabei das verdunstete Wasser nachfüllen.
Die Butterkekse grob in eine Auflaufform bröseln, mit zerlassener Butter mischen und in die Form drücken. Zum Festwerden die Masse in den Kühlschrank stellen.
Anschließend die Beeren auf den Keksboden verteilen und den Karamell aus der Dose über die Beeren streichen.
Mascarpone mit Buttermilch glatt rühren und über den Karamell verteilen.
Im Kühlschrank ca. 2 Stunden ziehen lassen. Mit Kakaopulver bestreut servieren.

Diese Süßspeise lässt sich bestens vorbereiten, und Sie können entspannt den Nachmittag mit Ihren Gästen verbringen!

Hollerbeerenkuchen mit Kastanienstreusel

Seit jeher hat der Holunderstrauch ein hohes Ansehen und galt in der Mythologie als Wohnsitz der schützenden Hausgöttin, der Frau Holle. Die Holunderblüten wirken schweißtreibend und gegen Erkältungen. Die reifen Beeren sind sehr gesund, denn sie enthalten viel Vitamin C.

FÜR DEN TEIG:
500 g Vollkornmehl
150 g Vollrohrzucker
500 ml Buttermilch oder Sojamilch
70 g Vollrohrzucker
2 Päckchen Backpulver
50 g (4 EL) Sojamehl, fett (siehe Seite 9)
1 Päckchen Vanillezucker
½ geriebene Bio-Zitronenschale
ev.1 TL Safran für die Farbe

FÜR DIE FÜLLE:
500 g Hollerbeeren*
250 g Zwetschken

FÜR DEN STREUSEL:
100 g Kastanienmehl oder auch 150 g geriebene Biskottenstangen
50 g Vollrohrzucker
50 g geriebene Mandeln
500 g Topfen (Quark)

Vollkornmehl mit Backpulver, Sojamehl und eventuell mit Safran sieben. Mit Buttermilch, Vollrohrzucker unf Vanillezucker verrühren, sodass ein zäher Teig entsteht.
Den Teig auf ein mit Backpapier belegtes Backblech streichen und dicht mit Hollerbeeren bestreuen. Die entkernten halbierten Zwetschken auf den Beeren verteilen.
Topfen mit Zucker, geriebenen Mandeln und gesiebtem Kastanienmehl grob mit den Fingern krümeln und über die Beeren streuen.
Im vorgeheizten Backrohr bei ca. 180 °C ein halbe Stunde backen.

Apfellasagne

ca. 12 Lasagneblätter
1 kg Äpfel
60 g Rosinen
80 g Vollkornsemmelbrösel oder geriebener Lebkuchen
125 ml Kokosmilch mit 125 ml Wasser verdünnt
oder 250 ml Sojamilch oder Milch
1 Vanilleschote
3 EL Honig
1–2 EL Zimtpulver
etwas geriebene Muskatnuss
Vollrohrzucker je nach Apfelsüße

Kokosmilch oder Milch etwas erwärmen und Honig darin auflösen. Das Mark der Vanilleschote auskratzen und in die Kokosmilch geben. Äpfel schälen und in dünne Scheibchen schneiden.
Eine Auflaufform einfetten und mit Semmelbröseln bestreuen. Einen Teil der Äpfel darauf verteilen, mit Zimtpulver bestreuen und mit Muskatnuss würzen.
Vollkornsemmelbrösel oder geriebener Lebkuchen über die Apfelschicht streuen und darauf etwas Kokosmilch verteilen. Mit Lasagneblättern bedecken.
Wieder Äpfelspalten aufstreuen, mit Zimt und Muskatnuss würzen, Brösel oder Lebkuchenmehl darüber streuen und etwas Kokosmilch oder Milch darauf verteilen. Den Vorgang so oft wiederholen, bis alle Zutaten verbraucht sind. Abschließend Lasagneblätter mit Kokosmilch oder Milch begießen und mit Alufolie abdecken. Im vorgeheizten Backrohr bei 180 °C ca. 45 Minuten backen. Nach 30 Minuten Backzeit die Folie entfernen und fertigbacken.

Wer Lust hat, gibt auf die heiße Lasagne noch eine Kugel Vanilleeis!

Kirschenbuchteln mit Marzipan

FÜR DEN TEIG:
20 g Germ (Hefe)
500 g Mehl
125 ml Milch oder Sojamilch
80 g Butter
80 g Vollrohrzucker
1 gestr. TL Salz
Zitronenschale

FÜR DIE FÜLLE:
500 g Kirschen
80 g Marzipan
3–4 EL Kirschwasser
1 EL gehackte Mandeln

125 ml Milch mit 80 g Zucker für die Form

Für den Teig das Mehl mit Zucker, Zitronenschale und Salz vermischen. Eine Mulde hineindrücken und die Germ (Hefe) hineinbröckeln. Zucker und ca. 5 Esslöffel lauwarme Milch zugeben, mit etwas Mehl bestreuen und zugedeckt 15 Minuten gehen lassen.
Die Butter in der lauwarmen Milch auflösen und zum Vorteig geben. Mit den Knethaken des Handmixers zu einem geschmeidigen Teig verarbeiten und zugedeckt etwa 40 Minuten gehen lassen.
Marzipan mit Kirschwasser verkneten und zu einer Wurst drehen. Stücke abschneiden, flach drücken und je 5 entsteinte Kirschen auf ein Stück Marzipan legen. Das Ganze zu einer Marzipankugel drehen und in Mandeln wälzen.
Teigstücke abstechen, auseinanderdrücken und die gefüllten Kugeln auf den Teig setzen. Den Teig zusammendrücken und verschließen.
Milch mit Zucker in eine Auflaufform geben und die Buchteln hinein setzen. Mit Deckel oder Alufolie verschließen und bei 180 °C eine Stunde im Backrohr backen. Die letzte ¼ Stunde Deckel oder Alufolie entfernen.

Holunderkuchen mit Rotwein

- 120 g Holunderbeeren*
- 180 g Butter
- 160 g Vollrohrzucker
- 250 g Vollkornmehl
- 100 g geriebene Haselnüsse
- 3 Eier
- 1 TL Zimt
- 1 geh. EL Kakao
- 125 ml Rotwein
- 1 Päckchen Backpulver
- 1 Msp. Muskatnuss

* Eine überlieferte Bauernregel besagt, dass das Fällen eines Holunderbaumes den Tod bringt. Der Holunderbaum soll ein Dutzend Krankheiten heilen und Sitz von guten Geistern sein.

Die Butter mit den Eiern und Vollrohrzucker cremig rühren. Das Vollkornmehl mit Kakao, Zimt und Backpulver sieben, Haselnüsse zugeben und abwechselnd mit dem Rotwein vorsichtig unter die Eimasse heben.
Die Holunderbeeren untermischen, etwas Muskatnuss hineinreiben und in eine ausgefettete, bebröselte Kastenform streichen. Im vorgeheizten Backrohr bei ca. 200 °C eine Stunde backen. Die letzte halbe Stunde mit Alufolie abdecken. Vor dem Herausnehmen unbedingt eine Nadelprobe machen!

Kirschentörtchen mit Guss

500 g Kirschen*, entkernt
3 Eier
100 g Mehl
100 g Grieß
120 g Vollrohrzucker
200 g Mascarpone
1 Päckchen Vanillezucker
1 Päckchen Backpulver
100 g gehackte Mandeln
1 EL Maraschino**
1 geh. TL Kakao
1 Prise Salz

FÜR DEN GUSS:
100 g Staubzucker
½ Zitrone

* Die Kirsche wächst als Zwillingspaar, die Kirschblüte ist ein Zeichen für Reinheit und Ritterlichkeit.

** Der Maraschino ist ein Likör, der aus Maraska-Kirschen hergestellt wird.

Ganze Eier mit Vollrohrzucker, Vanillezucker, Salz, Maraschino und Mascarpone cremig rühren. Mehl mit Backpulver und Kakao sieben und mit Grieß mischen. Das Mehl und die Mandeln unter die Eimasse mengen.
Den Teig in gefettete, gebröselte Formen streichen und die entkernten Kirschen leicht in den Teig drücken.
Im vorgeheizten Backrohr bei 180 °C ca. 20 Minuten backen.
Für den Guss Staubzucker mit dem Saft der Zitrone glatt rühren und über die Törtchen streichen.

Schwarzbeer-schokomarmelade

2 kg Schwarzbeeren (Heidelbeeren)*
250 g Bitterschokolade (Kochschokolade)
220 g Vollrohrzucker
2 EL Rum
1 Päckchen Einmachhilfe (Sorbinsäure)**

* Der Name »Heidelbeere« kommt von »heitperi« und bedeutet in der Heide wachsende Beere. Hildegard von Bingen empfahl die getrocknete Beere gegen Darmbeschwerden und Durchfall.

** Sorbinsäure ist ein Konservierungsstoff, der natürlich in den Vogelbeeren vorkommt, als Lebensmittelzusatzstoff jedoch chemisch synthetisiert wird. In meiner Küche ist mit Sorbinsäure konserviertes Eingemachtes noch nie verdorben!

Schwarzbeeren noch kalt mit Dreiviertel der Einmachhilfe mischen, Vollrohrzucker zugeben und aufkochen lassen.
Die Schokolade mit einem großen Messer grob zerteilen und in der Marmelade schmelzen lassen, mit Rum abschmecken und in sterile kleine Gläser abfüllen, dabei die Glasränder abwischen, mit der restlichen Einmachhilfe bestreuen, zuschrauben und die Gläser 15 Minuten auf den Deckel stellen.

Eine Seerose aus meinem Gartenteich

Kirschenkuchen mit Amarettobröseln

FÜR DEN TEIG:
350 g Mehl
50 g Sojamehl oder Speisestärke
2 Eier
200 g Butter
100 g Vollrohrzucker
1 geh. TL Backpulver
1 Prise Salz
1 EL Kakao
1 TL Zimt
100 ml Buttermilch
1 EL Amaretto
60 g gehobelte Mandeln

FÜR DEN BELAG:
1 kg entkernte Kirschen

FÜR DEN PUDDING:
250 ml Milch
80 g Vollrohrzucker
1 Packung Vanillepudding

FÜR DEN STREUSEL:
150 g Mehl
75 g Butter
60 g Vollrohrzucker

Für den Pudding die Milch aufkochen und das Puddingpulver mit dem Vollrohrzucker einrühren, kurz aufkochen und auskühlen lassen.
Für den Teig die Eier mit Butter, Salz, Buttermilch, Amaretto und Vollrohrzucker cremig rühren. Das Mehl mit Sojamehl oder Speisestärke, Kakao, Zimt und Backpulver sieben, unter die Eimasse heben und auf ein Backblech streichen. Die Mandeln auf dem Teig verteilen, den Pudding auf den Rührteig streichen und mit Kirschen belegen.
Für den Streusel das Mehl mit der Butter, Salz, Amaretto und Zucker mit den Fingern mischen, grob bröseln und über den Kuchen streuen. Im vorgeheizten Backrohr bei 200 °C ca. 1 Stunde backen.

Für Kirschenkerne gibt es noch weitere Verwendungsmöglichkeiten: Kerne in ein Kissen gefüllt und im Backrohr erwärmt sind ein probates Hausmittel und erfüllen dieselbe Funktion wie eine Wärmeflasche.

Herbst

Wer im Frühling nicht sät, wird im Herbst nicht ernten! In den Herbstmonaten scheint die Sonne weniger intensiv und kürzer, sodass die Blätter immer weniger Sonnenstrahlung abbekommen, die sie für die Photosynthese benötigen. Dadurch kann das Blatt nicht mehr ausreichend mit Chlorophyll versorgt werden, andere Farben kommen nun zum Vorschein, und die Wälder schimmern rotgolden. Die Früchte gelangen zur Reife, die Erde begibt sich zur Ruhe.

Im September komme ich kaum mehr mit dem Ernten nach. Die Schätze aus meinem Garten müssen entweder eingekocht, eingeweckt oder eingefroren werden. Dunkelviolett blähen sich die Zwetschken in vollem Saft an den Ästen und warten auf die Vermählung mit den Holunderbeeren in Marmeladegläsern oder als Kuchenbelag mit Marzipanbröseln. Wenn die Zwetschkenernte sehr ergiebig ist, werden die Früchte gedörrt. Im Winter helfen sie dann faulen Gedärmen sich zu bewegen, und sind als Schitourenproviant ebenso nahrhaft wie einfach mitzunehmen. Um die schweren Kürbisse ins Haus zu bringen, muss ich mit der Schubkarre losfahren. Dann freue ich mich schon auf die molligen Kürbissuppen mit Zitronengras und Kokosmilch.

Zum Herbst hin reifen Gemüsesorten wie Karotten, Lauch, Wirsing und Sellerie. Dieses Gemüse ist länger haltbar und kann zum Teil gut gelagert werden. Immer wieder staune ich über das Wunder, wie sich aus einem winzigen Samenkorn eine lange Karotte tief in die Erde hinuntergestreckt hat. Und wie herrlich süß sie schmeckt! Auch die dunkelgrün gerippten Blätter am Kohlkopf bleiben lange frisch und eignen sich hervorragend für Rouladen mit verschiedensten Füllungen.

Der Herbst ist die Zeit, in der wir uns auf den Winter vorbereiten. Die sinkenden Temperaturen verlangen es, wieder gehaltvolle Speisen mit wärmenden Gewürzkräutern zuzubereiten. Cremige Suppen und kohlehydratreiche Gerichte heizen unseren Körper und das Gemüt auf.

Kürbissuppe mit Zitronengras

500 g Kürbis*
100 g Kokosmilch
125 ml Wasser
1 Stange Zitronengras**
1 EL Gemüsebrühwürze
1 Prise Muskatnuss
Salz und Pfeffer

* Am geschmackvollsten ist der Hokkaidokürbis. Sein festes Fleisch und seine orange Farbe machen ihn zum Liebling aller Köche.

** Zitronengras hilft bei leichten Verdauungsstörungen, Tee aus Zitronengras ist ein perfekter Durstlöscher an heißen Tagen.

Wasser mit Gemüsebrühwürze zum Kochen bringen. Kürbis schälen und in Stücke schneiden. Kokosmilch in die Gemüsebrühe einrühren. Die langen Blätter des Zitronengrases miteinander verknoten und in der Suppe mitkochen lassen. Kürbiswürfel dazugeben und weich dünsten. Nun das Zitronengras herausnehmen. Mit Salz und Pfeffer abschmecken.

Von meinem Zitronengras nehme ich nur die äußeren Blätter, um die Pflanze nicht zu sehr zu verletzen.

Lauchsuppe

mit Vernaccia und Gorgonzola

1 TL Butter
1 EL Mehl
1 Stange Lauch
50 g Gorgonzola
250 ml Vernaccia*
250 ml Wasser
½ TL Salz
1 Muskatblüte
weißer Pfeffer
Rosensalz

* Vernaccia ist ein trockener italienischer Weißwein, dessen Geschmack mit jenem von Stachelbeeren und Äpfeln verglichen wird.

Butter in einem Topf aufschäumen lassen und Mehl einstreuen. Kurz durchrösten, salzen, mit Wasser und Weißwein aufgießen und glatt rühren. Lauch in Ringe schneiden und in die Suppe geben. Mit Gorgonzola und Muskatblüte einmal aufkochen lassen. Anschließend die Muskatblüte entfernen und die Suppe mit dem Pürierstab pürieren. Eventuell mit Rahm abschmecken. Mit einer Prise Rosensalz verfeinern!

Wichtig: Frische Lauchpflanzen verwenden, da sie im angewelkten oder geschnittenen Zustand bei längerem Kontakt mit der Luft an Geschmack verlieren.

Ungarische Kürbissuppe mit Belugalinsen

500 g Kürbis*
500 ml Wasser
100 g schwarze Belugalinsen**
1 EL Paprikapulver
1 TL Kümmel
1 EL Apfelessig
1–2 Pimentkörner
2–3 Knoblauchzehen
½ kleine rote Chilischote
1 Gemüsebrühwürfel
100 ml Panna da cucina oder Schlagobers, auch Kokosmilch passt bestens
Salz

* Jeder Kürbis eignet sich für diese Suppe, da er durch den Paprika eine wunderbare Farbe bekommt.

** Die im Aussehen an Kaviar erinnernden Beluga-Linsen schmecken sehr aromatisch.

Wasser mit Gemüsebrühwürfel zum Kochen bringen und Belugalinsen darin ca. 30 Minuten weich kochen.
Kürbis schälen, in Stücke schneiden und in Salzwasser weich dünsten.
Kokosmilch mit geschälten, gehackten Knoblauchzehen, Kümmel, entkernter Chilischote und im Mörser angestoßenen Pimentkörnern zum Kürbis geben.
Die Kürbissuppe pürieren und mit Paprikapulver und etwas Salz würzen.
Vor dem Servieren die Belugalinsen in die Suppe streuen.

Hülsenfrüchte gehören zu den ältesten Kulturpflanzen der Menschheit und sind die wertvollsten pflanzlichen Eiweißlieferanten. Übrigens: Linsen sind leichter verdaulich als Bohnen!

Mangoldsuppe mit Pfirsich

500 g Mangoldblätter*
2 Pfirsiche**
3 Knoblauchzehen
1 l Wasser
Muskatnuss
schwarzer Pfeffer
Salz (am besten Flos Salis oder Gold Flos Salis)

eventuell ein Klecks Kokosmilch oder Schlagobers als Garnitur

* Mangold enthält viel Eisen und Vitamine.

** Die Pfirsichblüte ist das Symbol für die flammende Liebe und der Pfirsichsaft wirkt appetitanregend.

Mangoldblätter und einen Pfirsich klein schneiden und in Salzwasser dünsten. Anschließend auf Salz zerdrückten Knoblauch zugeben und mit Muskatnuss, Salz und Pfeffer würzen. Die Suppe mit einem Pürierstab pürieren.
Den zweiten Pfirsich halbieren oder vierteln und in der fertigen angerichteten Suppe ziehen lassen. Eventuell mit etwas Kokosmilch oder Schlagobers verfeinern.

Ich bevorzuge Mangold mit roten Stielen, den im Übrigen auch unsere Rehe und Hasen aus dem nahe gelegenen Wald schätzen.

Ziegentopfen-Taschen

Diese Taschen schmecken sowohl warm als auch kalt und können einfach als Proviant mitgenommen werden.

FÜR DEN TEIG:
- 280 g Mehl glatt
- 20 g Sojamehl, fett (siehe S. 9)
- 200 g Butter
- 250 g Ziegentopfen
- 1 TL Meersalz

FÜR DIE FÜLLE:
- 100 g Tofu
- 1 EL schwarze Olivenpaste
- 2 EL Kapernbeeren
- 3 Knoblauchzehen
- eventuell 1 Hand voll Rosinen

Mehl und Sojamehl mit kalter Butter abbröseln, mit Salz und Ziegentopfen zu einem glatten Teig verkneten. Zirka 30 Minuten kalt stellen.
Kapern, auf Salz zerdrückten Knoblauch und Tofu im Mixer zerkleinern und mit der Olivenpaste glatt rühren. Eventuell Rosinen zugeben.
Den Teig auf einem bemehlten Brett eher dünn auswellen und auf die Hälfte des Teigs entweder mit einer runden Ausstechform oder einem Becher die Form nur andeutungsweise auf den Teig drücken. Die Fülle mit einem Teelöffel darauf verteilen.
Um die Fülle herum mit einem Pinsel Wasser streichen. Die andere Teighälfte locker über den Teig klappen und mit der runden Form ausstechen.
Die Teigtaschen auf ein Blech legen und im vorgeheizten Backrohr bei 180 °C ca. 30 Minuten backen, bis die Taschen leicht braun und gewölbt sind.

Dazu passt eine leichte Jogurtsoße oder – als Hauptspeise genossen – ein bunter Blattsalat.

Erdnusspesto

Die angegebene Menge ergibt 2–3 kleine Gläser

100 g Erdnüsse*
50 g Parmesan
125 ml bestes Erdnussöl
3 Stück Langer Pfeffer
1 TL schwarzes Salz
Basilikum
½ Bund Petersilie

* Geröstete Erdnüsse sind Ausgangsprodukt für Kaffee- und Kakaoersatz. Viele Heilsalben enthalten Erdnussöl, was sie geschmeidiger macht.

Erdnüsse kurz anrösten und mit Langem Pfeffer, Petersilie, Basilikum und Parmesan im Mixer fein reiben. Das Pesto mit Salz würzen und mit Erdnussöl aufgießen. Erdnusspesto in kleine Gläser füllen und mit etwas Erdnussöl aufgießen. Pestos müssen immer mit Öl bedeckt werden, damit sie nicht verderben!

Das Erdnusspesto passt zu allen Nudeln und schmeckt auch hervorragend als Brotaufstrich auf ein würziges Landbrot.

Gesalzene Birnen

500 g feste Birnen
Salz (am besten Flos Salis oder Gold Flos Salis)
Walnussöl oder Butter

Die Birnen schälen und in ½ cm dicke Scheiben schneiden. In einer Bratpfanne etwas Walnussöl oder Butter erhitzen und die Birnenscheiben darin leicht anbräunen. Mit Salz bestreuen und servieren.

*Beim Birnenkauf an der Birne riechen.
Duftet sie stark, ist sie auch garantiert aromatisch.*

Herzhafter Bohnenaufstrich

200 g Rote Bohnen (Kidney Bohnen)
15 Salbeiblätter
2 Lorbeerblätter
3 Knoblauchzehen
3 EL Olivenöl
1 EL Tomatenmark
1 TL Chilipaste (je nach Geschmack und Paste)
½ TL Kümmel
1 TL Salz
1 Spritzer Zitronensaft

Die Bohnen in 500 ml Wasser über Nacht einweichen und am nächsten Tag mit den Lorbeerblättern ca. 45 Minuten weich kochen.
Die gegarten Bohnen mit dem Knoblauch, Salbeiblättern und Kümmel im Mixer zu Mus pürieren. Mit Chilipaste, Zitronensaft, Tomatenmark, Salz und Olivenöl würzen.

Sonnenblumenkern-Aufstrich mit Birnen

200 g Tofu
50 g Sonnenblumenkerne*
1 Zwiebel
1 kleine Birne
1 EL Apfelessig
½ TL Hefepaste
2 EL Olivenöl
12 grüne Pfefferkörner
½ TL Kümmel
1 Msp. Muskatnuss
Meersalz

* Sonnenblumenkerne haben einen hohen Eisengehalt.

Sonnenblumenkerne mit klein geschnittener Zwiebel anrösten. Die Birne schälen, das Kerngehäuse entfernen und in grobe Stücke schneiden. Kümmel und Muskatnuss in der Küchenmaschine mahlen.
Birnenstücke, Sonnenblumenkerne und Zwiebel mit dem Kümmelgewürz zerkleinern. Den Tofu in Stücke teilen und ebenso unterrühren.
Die Masse mit Salz und Hefepaste abschmecken und in eine Schale streichen. Als Dekoration ein paar angeröstete Sonnenblumenkerne über den Aufstrich streuen.

Das Aroma der Sonnenblumenkerne wird durch das Anrösten in einer fettfreien Pfanne bei niedriger Stufe verstärkt. Geröstete Sonnenblumenkerne als Snack oder über einen Salat gestreut sind besonders gesund.

Kastanienstrudel mit Kürbis

FÜR DEN TEIG:

300 g Vollkornmehl
200 g Margarine
250 g Magertopfen (Quark)
30 g Sojamehl, fett (siehe Seite 9)
oder 1 Ei
½ TL Salz

FÜR DIE FÜLLE:

500 g Kürbis
60 g Kürbiskerne
150 g Kastanien*
3 Zwiebeln
3 Knoblauchzehen
1 Msp. Muskatnuss
2 EL Kürbiskernöl
2 EL Semmelbrösel
100 g würziger Käse
Salz und Cayennepfeffer
1 TL Johannisbrotkernmehl
oder Stärkemehl

Dazu passt die schnelle Jogurtsoße von Seite 29.

* Kastanien sind sehr nahrhaft und und galten einst als das »Brot der Korsen«. Sie sind glutenfrei, das Mehl kann daher von Zöliakie-Patienten als Getreide-Ersatz verwendet werden.

Das Vollkornmehl mit der Margarine abbröseln. Topfen, Sojamehl oder Ei und Salz mit der Mehl-Margarinemischung zu einem Teig verarbeiten und für ½ Stunde im Kühlschrank ruhen lassen.
Die Kürbiskerne ohne Öl in einer Bratpfanne anrösten, bis sie aus der Pfanne hüpfen. Anschließend grob hacken.
Den Kürbis schälen, in Salzwasser weich dünsten und abseihen.
Die Zwiebeln nudelig schneiden und in Kürbiskernöl anrösten. Den Kürbis beigeben und mit den Kürbiskernen, Muskatnuss, auf Salz zerdrückten Knoblauchzehen, Salz und Chili würzen. Käse in Würfel schneiden und mit den Semmelbröseln unter die Fülle mengen.
Den Teig auswellen und die Fülle aufstreichen. An den Seiten einschlagen und einrollen.
Im vorgeheizten Backrohr bei 200 °C ca. 40 Minuten backen.

Steirerknödel mit Apfel

FÜR DEN TEIG:
500 g Vollkornweizenmehl
ca. 350 ml Wasser
1 TL Salz

FÜR DIE FÜLLE:
300 g Kürbis
1 Zwiebel
1 kleiner Apfel
3 Knoblauchzehen
80 g Kürbiskerne
1–2 EL Apfelessig
1 EL Kokosmilch oder Sauerrahm
1 TL Paprikapulver
1 gestr. TL Salz
1 TL Hefepaste
½ TL Kümmel
etwas Chilipulver

Geröstete Kürbiskerne auf Salat und Rohkost gestreut oder als Snack mit Bergkernsalz genossen, schmecken nicht nur köstlich, sondern enthalten auch wertvolle Inhaltsstoffe, Vitamine und Enzyme.

Vollkornmehl mit Wasser und Salz zu einem festen Teig verkneten, bis er sich von der Schüssel löst.
In einer Pfanne Kürbiskerne anrösten, bis sie beginnen, aus der Pfanne zu hüpfen. Anschließend die Kürbiskerne in der Küchenmaschine reiben. Die Zwiebel fein schneiden und in etwas Olivenöl anbraten. Kürbis raffeln und mit der Zwiebel weich dünsten. Den Apfel reiben und ebenfalls unter die Kürbismasse mischen. Mit Chili, Salz, Paprika, Kümmel, Hefepaste, gehacktem Knoblauch und Essig würzen. Die geriebenen Kürbiskerne und etwas Kokosmilch oder Rahm mit der Kürbisfülle vermengen.
Esslöffelgroße Stücke vom Teig abstechen, in Mehl kurz wenden und flach auseinander drücken. Jeweils 1 TL Fülle auf den Teig setzen und die Teigränder zusammendrücken. Überprüfen, ob alle Enden des Knödels geschlossen sind, und in der Handfläche zu Knödeln formen.
Die fertig gerollten Knödel in Mehl rollen und in kochendem Salzwasser ca. 5 Minuten köcheln. Sobald die Knödel im Wasser hochsteigen, sind sie fertig!

Hefepastesoße

Die salzige, cholesterinfreie Hefepaste hilft, Salz zu sparen, und sorgt für eine gute Eiweiß- und Vitaminversorgung. Sie schmeckt nussig-aromatisch und ist daher nicht nur bei einer pflanzlichen Ernährung wichtig.

- 2–3 EL Hefepaste
- 125 ml Wasser
- 1 TL Stärkemehl
- ev. 1 EL Weinbrand

Wasser in einem kleinen Topf aufkochen und die Hefepaste darin auflösen. Etwas Flüssigkeit in einen Becher geben und das Stärkemehl darin glatt rühren. Diese Paste in den Topf streichen, umrühren und etwas einkochen lassen. Nach Lust und Laune mit Weinbrand oder grünen Pfefferkörnern nachwürzen. Passt zu allen frittierten Speisen.

Radicchio-Zwiebel-Gemüse

Die Bitterstoffe des Radicchios, einer Art der Zichorie, auch rote Endivie genannt, regen die Gallenflüssigkeit an, was den Cholesterinabbau unterstützt.

- 1 Radicchio
- 4 rote Zwiebeln
- 250 ml Rotwein
- 1–2 EL Honig
- 1 EL Öl
- 1 EL Gemüsewürzfond
- Meersalz

Radicchio grob schneiden, Zwiebeln schälen, vierteln und in etwas Öl kurz anbraten. Honig zugeben und unter stetigem Wenden kurz durchbraten. Mit etwas Rotwein aufgießen, salzen und Gemüsewürzfond beigeben. Bei offenem Topf den Rotwein einreduzieren lassen und wieder mit Wein aufgießen. Das Ganze ca. 10 Minuten schmoren lassen.

Semmelknödel ohne Ei

- 200 g Knödelbrot (alte würfelig geschnittene Brötchen)
- 350 ml warme Milch oder Gemüsebrühe
- 100 g griffiges Mehl
- 20 g Sojamehl, fett (siehe Seite 9)
- 2 EL Chiliöl
- 1 TL Bergkernsalz
- 1 TL Backpulver
- Muskatnuss
- Pfeffer
- eventuell Petersilie

Warme Milch oder Gemüsebrühe über das Knödelbrot gießen und stehen lassen, bis die Semmelwürfel weich sind. Sojamehl und Backpulver mit Mehl sieben und unter die Brotmasse vorsichtig locker mischen – nicht abtreiben!
Mit Muskatnuss, Pfeffer, Salz und Chiliöl würzen. Eventuell Petersilie fein hacken und unter die Knödelmasse mischen. Die Hände anfeuchten und mit beiden Händen Knödel drehen, in Mehl wälzen, die Knödel anfeuchten und rund formen.
Im siedenden Salzwasser ca. 15 Minuten ziehen lassen.

Knödelteig nicht fest abrühren und beim Formen nicht zu fest zusammendrücken, um lockere Knödel zu erhalten.

Arabische Kürbislasagne mit Kreuzkümmel

ca. 12 Lasagneblätter
500 g Kürbis
50 g Sojagranulat
2 Zwiebeln
4 Knoblauchzehen
2–3 EL Apfelessig
1 EL Paprikapulver
2 EL Hefepaste
1 TL Salz
1 TL Kreuzkümmel*
1 TL Kümmel
½ TL Fenchelsamen
¼ TL Harissa oder Chilipaste
125 ml Wasser

FÜR DIE BÉCHAMELSOSSE:
500 ml Milch oder 250 ml Kokosmilch mit 250 ml Wasser verdünnt
50 g Butter
50 g Vollkornweizenmehl
1 Prise Muskatnuss
1 Prise Salz
1 Prise weißer Pfeffer
80 g Parmesan, frisch gerieben

* Der intensive Geschmack von Kreuzkümmel und der Geschmack von Kümmel sind grundverschieden. Kreuzkümmel – vorsichtig dosiert – schmeckt wunderbar zu Kohl sowie Bohnen und beugt Blähungen vor.

Zwiebeln fein schneiden und in einer Pfanne in wenig Sonnenblumenöl anbraten. Kürbis mit einem Küchenhobel zerkleinern, zu den Zwiebeln geben und kurz durchrühren. Mit Kreuzkümmel, Kümmel, Fenchelsamen, Paprikapulver, Hefepaste, Chilipaste, zerdrückten Knoblauchzehen und Apfelessig würzen, umrühren und mit Wasser aufgießen.
Die Kürbismasse ca. 10 Minuten bei mittlerer Hitze weich dünsten. Zum Aufsaugen der Flüssigkeit Sojagranulat über die Masse streuen und mischen.
Für die Béchamelsoße Butter erwärmen, das Vollkornmehl einstreuen und hell anrösten. Von der Herdplatte nehmen und die Milch oder Kokosmilch mit Wasser mit einem kleinen Schneebesen glatt einrühren. Wieder auf der Herdplatte unter ständigem Rühren erwärmen und glatt rühren, sodass eine helle cremige Masse entsteht. Mit Salz, Pfeffer, Muskatnuss würzen.
Eine Auflaufform ausfetten und dünn mit Kürbismasse bestreichen. Soße leicht bedeckt auf den Kürbis streichen, mit Parmesan bestreuen und mit Lasagneblättern abdecken. So fortfahren, bis die Kürbismasse aufgebraucht ist. Am Ende mit Teigblättern bedecken, mit Soße bestreichen und mit Käse bestreuen. Im vorgeheizten Backrohr bei 200 °C ca. 40 Minuten backen. Die erste Viertelstunde mit Alufolie abdecken.

Rettichpflanzerln mit Schwarzkümmel

Schwarzkümmelsamen, auch Nigella genannt, werden vorwiegend in der arabischen Welt und in Indien als Gewürz verwendet. Fladenbrote werden im Mittelmeerraum oft mit Schwarzkümmelsamen bestreut. Schwarzkümmelöl ist eines der besten Naturheilmittel gegen viele allergische Krankheiten.

- 1 (150 g) Rettichknolle oder Wurzel (Radi)
- 1 Apfel
- 80 g Buchweizen, gemahlen (Heidenmehl)*
- 2 EL (50 g) Sojamehl
- 50 g Haferflocken
- 50 g geriebene Walnüsse
- 2 EL Apfelessig
- 1 TL Schwarzkümmel
- 1 TL Kümmel
- 1 TL Salz
- 1 Prise Vollrohrzucker
- Pfeffer
- dunkle Vollkorn-Semmelbrösel
- Öl zum Anbraten

Dazu empfehle ich Radicchio-Zwiebel-Gemüse von Seite 130.

* In den romanischen Sprachen wird der Buchweizen als »sarazenisches Korn« bezeichnet. Auch als Heidenmehl bekannt, ist er wegen des fehlenden Glutens zum Brotbacken zwar ungeeignet, aber ideal für Menschen geeignet, die kein Gluten vertragen.

Den Rettich und den Apfel schälen und fein raspeln oder in der Küchenmaschine zerkleinern. Gemahlenen Buchweizen, Haferflocken und geriebene Walnüsse mit dem Rettich-Apfelgemisch mischen. Mit Schwarzkümmel, Kümmel, Salz und Pfeffer würzen.
Laibchen formen, in Semmelbröseln wenden und in heißem Öl bei mittlerer Hitze beidseitig anbraten.

Paprika mit Kastanienfülle

- 4 Paprikaschoten
- 15 Kastanien
- 100 g Reis
- 1 große Zwiebel
- 1 TL Koriander
- 50 g Rosinen
- ½ TL Hefepaste
- 1 TL Gemüsebrühwürze
- 1 TL Johannisbrotkernmehl oder Maismehl
- 1 Msp. Bockshornkleesamen
- 1 Msp. Cayennepfeffer
- Salz

FÜR DIE SOSSE:

- 150 g Kürbis
- 100 ml Kokosmilch
- 250 ml Wasser
- 1 Msp. Muskatnuss
- 1 EL Paprikapulver
- 1 TL Gemüsebrühwürze
- 125 ml Wasser
- Salz

Wasser mit Gemüsebrühwürze zum Kochen bringen und den Reis darin weich dünsten. Kastanien einschneiden, in etwas Wasser weich kochen, aus der Schale lösen, häuten und grob hacken.
Zwiebel fein schneiden, in etwas Öl rösten und mit dem Reis mischen. Die Kastanien, Hefepaste, Salz, Pfeffer und im Mörser angestoßenen Koriander unter den Reis mischen. Den Deckel von den Paprikas abschneiden, die Körner herausschütteln und die Reismasse einfüllen. Den Deckel aufsetzen und mit Zahnstocher zusammenstecken.
Wasser erhitzen und die Gemüsebrühwürze sowie Kokosmilch einrühren. Den Kürbis schälen, in Würfel schneiden und in der Brühe weich dünsten.
Den Kürbis mit Salz, Pfeffer, Paprikapulver und Muskat abschmecken und mit dem Pürierstab pürieren. Die Paprikas in die fertige Kürbissoße setzen. Auf kleiner Flamme zugedeckt 30 Minuten köcheln lassen. Wenn die Paprikas fertig sind, nimmt man sie aus dem Topf und rührt die Kokosmilch in die Soße ein.

Lauchquiche mit Mozzarellahaube

Quiches stammen aus der Lorrainegegend in Frankreich, wo die berühmte »Quiche Lorraine« herkommt. Lauch ist übrigens besonders leicht verdaulich.

- 250 g Weizenvollkornmehl
- 1 TL Kümmel
- 1 TL Salz
- 125 ml Walnussöl
- 125 ml Bier
- 2 Stangen Lauch
- 2 Mozzarellalaibchen à 100 g
- 1 Becher Cottagecheese
- Bergkernsalz
- Pfeffer
- Prise Muskatnuss

Das Brühwasser vom Lauch nicht weggießen, es wirkt leicht entschlackend!

Vollkornmehl mit Kümmel, Salz, Bier und Walnussöl rasch zu einem festen Teig kneten und mit Alufolie zugedeckt im Kühlschrank ruhen lassen. Anschließend auf einer bemehlten Damit der Boden knuspriger wird, erst den Teigboden blindbacken. Dafür den ausgewellten Teig in die Form drücken und an den Rändern hochziehen. Backpapier darüber breiten, mit der Gabel einstechen und mit getrockneten Bohnen (egal welche, sie dienen zum Beschweren des Teiges) bestreuen. Ca. 10 Minuten im vorgeheizten Backrohr bei 180 °C backen und etwas auskühlen lassen.

Für die Füllung Lauch mit einem Messer der Länge nach von der Mitte des weißen Stängels nach oben hin aufschneiden und waschen. Den Lauch in kleine Stücke schneiden und in Butter anschwitzen, bis er weich ist.

Cottagecheese auf den Teig aufstreichen und den Lauch darüber verteilen. Mit geriebener Muskatnuss, Bergkernsalz und Pfeffer würzen. Mozzarella in Scheiben schneiden, auf die Fülle legen und die Quiche im vorgeheizten Bachrohr bei 200 °C backen, bis der Käse braun ist. Vor dem Anschneiden die Quiche etwas abkühlen lassen.

Tofu-Cordon-bleu mit Olivenpaste in Kürbispanade

2 Packungen Tofu à 300 g
200 g Kürbis
2 EL Mehl
2 EL Semmelbrösel
3 EL Olivenpaste*
30 g Vollkornmehl
20 g Sojamehl
60 ml Wasser
1 TL Kümmel
Muskatnuss
Salz
Pfeffer
50 g geriebener Käse
Olivenöl zum Anbraten

* Die Ölsäure der Oliven hat einen hohen Gehalt an einfach und mehrfach ungesättigten Fettsäuren.

Tofuschnitten in zwei Teile schneiden, pfeffern und salzen. Olivenpaste mit Semmelbröseln glatt rühren. Eine Seite des Tofus eher dick mit Olivenpaste bestreichen, die andere Hälfte auflegen und etwas andrücken. Kürbis grob und Käse fein reiben und mit Mehl, Muskatnuss, Kümmel und Salz würzen. Nun Vollkorn- und Sojamehl mit Wasser zu einer dicklichen Paste verrühren und eine Seite der zusammengesetzten Tofuscheiben damit bestreichen. In die vorbereitete Kürbispanade tauchen und in einer mit etwas Öl erhitzten Pfanne einlegen. Nun die obere Seite mit Mehlpaste bestreichen und mit Kürbispanade bestreuen. Beide Seiten bei mittlerer Hitze hellbraun anbraten.

Zwetschkenpizza

FÜR DEN TEIG:
400 g Mehl
200 ml warmes Wasser
1 ½ TL Bergkernsalz
1 TL Vollrohrzucker
1 TL Trockengerm
4 EL Olivenöl

FÜR DEN BELAG:
250 g Zwetschken
(pro Pizza ca. 5 Zwetschken)
60 g Waldpilze oder Champignons
60 g grüne Bohnen oder auch Brokkoli
1 große rote Zwiebel
125 ml Rotwein
2 EL Balsamicoessig, rot
ca. 10 Knoblauchzehen
Salz und schwarzer Pfeffer
½ Zimtstange
Mozzarella

FÜR DIE PASTE:
2 EL Tomatenmark
1 EL Hefepaste
2 EL Balsamicoessig
etwas Harissa (Chilipaste)

Für den Pizzateig: Für den Vorteig Germ mit ein paar Esslöffel lauwarmem Wasser und Vollrohrzucker glatt rühren, etwas Mehl überstäuben und so lange an einen warmen Ort stehen lassen, bis Risse entstanden sind (ca. 10 Minuten).
Mehl mit Bergkernsalz in einer großen Schüssel mischen, in die Mitte eine Mulde drücken und den Vorteig, Olivenöl und restliches Wasser hineingießen. Mit einem Rührgerät so lange rühren, bis sich die Zutaten verbunden haben. Auf einer bemehlten Arbeitsfläche die Masse zu einem elastischen Teig kneten, eine Kugel formen und zugedeckt an einem warmen Ort ca. 1 Stunde gehen lassen, bis der Teig das doppelte Volumen erreicht hat.

Für den Belag: Rotwein mit Balsamicoessig erhitzen. Die Zwiebel in Spalten schneiden und mit den enthäuteten ganzen Knoblauchzehen und der Zimtstange dünsten. Reduzieren, bis beinahe keine Flüssigkeit mehr vorhanden ist. Grüne Bohnen in Salzwasser weich dünsten. Zwetschken entkernen und halbieren.

Für die Paste: Tomatenmark mit Hefepaste, Harissa und Balsamicoessig glatt rühren und dünn auf dem Teig verstreichen. Mit Zwetschkenhälften, Pilzen, grünen Bohnen, geschmorten Zwiebelstückchen und halbierten Knoblauchzehen belegen, pfeffern und eventuell salzen. Mozzarella in Stücke schneiden und darüber verteilen.
Im vorgeheizten Backrohr bei 200 °C ca. 30 Minuten backen (bis der Käse goldbraun ist). Zur Dekoration Basilikumblättchen auf die Pizza legen.

Kürbisnocken

500 g Kürbis* (Hokkaido)
120 g Vollkorngrieß oder gemahlener Grünkern
120 g Mehl
1 TL Kümmel
1 TL Salz
½ TL gemahlener Zimt
6 Pimentkörner, angestoßen
etwas Chilipulver
Muskatnuss

* Die Kürbisfrucht kann ein enormes Gewicht erreichen, bis zu 50 kg ist nicht selten. Einem Eintrag im Guinesssbuch der Rekorde 2007 zufolge war ein Kürbis aus den USA mit kolossalen 766,12 kg der schwerste Kürbis der Welt!

Kürbis schälen, die Kerne mit einem Esslöffel herausschaben, den Kürbis in Stücke schneiden und in Salzwasser dünsten.
Den weichen Kürbis zu Mus zerdrücken und mit Vollkorngrieß und Mehl abmischen. Pimentkörner und Kümmel im Mörser anstoßen und dem Teig zugeben. Mit Salz, Muskatnuss, Chili und Zimt würzen. Alles gut durchmischen und ca. 15 Minuten ruhen lassen. Mit zwei Esslöffeln, die vorher in kaltes Wasser getaucht werden, Nocken stechen und entweder im Dampfgarer oder in siedendem Salzwasser 10 Minuten garen.

Dazu passt gebräunte Butter und grüner Salat.

Zwetschkengulasch

- 250 g Zwetschken
- 500 g Kartoffeln
- 250 g Pilze
- 3 große rote Zwiebeln
- 50 g (1 Hand voll) Sojawürfel
- 250 ml Rotwein
- 250 ml Wasser
- 5 Knoblauchzehen
- 1 Stange Zimt
- 1 EL Hefepaste
- 1 EL Paprikapulver, edelsüß*
- 1 TL Salz
- 1 TL Kümmel
- 1 Zweigerl Majoran
- ½ TL Kreuzkümmel
- 1 Msp. Muskatnuss
- schwarzer Pfeffer
- 1 TL Johannisbrotkernmehl oder Stärkemehl

Ein fruchtiges Gericht für kühle Herbsttage. Dazu passen Semmelknödel von Seite 131.

* Der Leibarzt des Christoph Columbus brachte den Paprika nach Europa, er wird deshalb auch spanischer Pfeffer genannt. Paprika fördert die Verdauung.

Sojawürfel in Wasser ca. ½ Stunde einweichen. Zwiebeln schälen, achteln und in Öl anbraten. Kartoffeln schälen, würfeln, Knoblauch schälen und je nach Größe halbieren. Pilze in mundgerechte Teile schneiden, die Sojawürfel ausdrücken und alles unter die Zwiebeln mischen. Mit Wein aufgießen und mit Paprika, Hefepaste, Kümmel, Kreuzkümmel, Majoran, Pfeffer, Salz, Zimtstange und Muskatnuss würzen. Das Gulasch ca. 30 Minuten köcheln lassen. Zwetschken entkernen, halbieren und dem Gulasch beigeben. Zum Binden etwas Johannisbrotkernmehl in die Soße einrühren, abschmecken. Haut und Fruchtfleisch der Zwetschken verkochen derart, dass sie in der Speise unbemerkt bleiben und dennoch einen pikanten Geschmack ergeben.

Mandelquiche mit Kürbiskokos

FÜR DEN TEIG:
220 g Mehl
100 g Butter oder Margarine
30 g Sojamehl
4 EL kaltes Wasser
20 g Vollrohrzucker
½ TL Backpulver
1 Vanilleschote
1 Prise Salz

FÜR DIE FÜLLE:
2 Bananen
300 g Kürbis
80 g Vollrohrzucker
50 g Kokosraspel
40 g gehobelte Mandeln*
125 ml Obers (Süße Sahne) oder Sojacreme für die vegane Variante
1 Zimtstange
1 TL Zimt
1 EL Rum

* Mandeln helfen bei Sodbrennen und wirken wie Kürbisse beruhigend auf den Magen.

Mehl mit Backpulver und Sojamehl sieben. Vanilleschote auskratzen und einen Teil davon mit einer Prise Salz und Vollrohrzucker unter das Mehl mischen. Kalte Butter oder Margarine in das Mehl schneiden und mit den Händen abbröseln. Kaltes Wasser einarbeiten und rasch zu einem Teig kneten. Den Teig für eine halbe Stunde in den Kühlschrank stellen.
Inzwischen den Kürbis schälen, entkernen, in Stückchen schneiden und in 125 ml Wasser mit Vollrohrzucker und Zimtstange kurz weich dünsten. Anschließend den Kürbis abseihen und mit den Bananen in der Küchenmaschine pürieren. Mit Rum, dem Rest des Vanilleschotenmarks, Zimt und Obers würzen. Mandeln in fettfreier Pfanne hellbraun anrösten. Den Teig auf Quicheformgröße plus Rand auswellen und in die Form drücken. Die Kokosraspel auf den Teigboden streuen und die Fülle darauf verteilen. Mit Mandeln bestreuen und im vorgeheizten Backrohr auf der untersten Schiene bei 200 °C ca. 45 Minuten backen.

Topfenkürbiskuchen

- 500 g Kürbis
- 200 g Mehl
- 180 g Butter
- 80 g Vollrohrzucker
- 1 TL Zitronensäure
- 1 Päckchen Vanillezucker
- 100 g Vollrohrzucker
- 80 g Rosinen
- 30 g Kokosraspel
- 2 EL Weinbrand
- 250 g Topfen (Quark)
- 1 Ei
- 1 Packung Vanillepuddingpulver
- 1 EL Zimt

Kürbis schälen, würfeln und in 250 ml Wasser, Zucker und Zitronensäure ca. 5 Minuten weich dünsten. Anschließend abseihen und abkühlen lassen. In einen Teil des Kürbissuds die Rosinen mit Weinbrand kurz aufkochen und abseihen. Den Sud nicht weggießen, sondern als Soße zum Kuchen servieren.

Jetzt Mehl, Butter, Vanillezucker und Vollrohrzucker mit den Fingern so verarbeiten, dass kleine Brösel entstehen. Die Hälfte der Bröselmasse nun in eine gefettete mit Semmelbröseln ausgeschwenkte Kastenform füllen.

Den Kürbis mit Rosinen und Kokosraspeln abmischen, auf die Bröselmasse verteilen und mit Zimt bestreuen.

Den Topfen mit Vanillepuddingpulver und Ei mischen und auf die Kürbismasse streichen. Nun den Rest der Bröselmasse darüber streuen und im vorgeheizten Backrohr bei 200 °C ca. 45 Minuten backen.

Zwetschken-Giraffenfleck

Gedeckter saftiger Kuchen, der immer gelingt.

FÜR DEN TEIG:
200 g Butter
500 g Mehl
150 g Vollrohrzucker
1 Prise Salz
1 Päckchen Backpulver
1 Päckchen Vanillezucker
250 ml Milch oder Sojamilch

FÜR DEN BELAG:
500 g Zwetschken*
250 g Topfen oder Lopino (für die vegane Variante)
50 g Vollrohrzucker
1 unbehandelte Zitrone (Schale)
40 g Kastanienmehl oder Roggenmehl
1 EL Zimt gemahlen
1 Prise Nelken
125 ml Milch oder Sojamilch

* Die echte Zwetschke ist eine Unterart der Pflaume. Die Hauszwetschke oder Bauernpflaume ist länglich und violett. Der Kern löst sich leicht vom Fruchtfleisch und ist den Pflaumen zu bevorzugen.

Die Butter mit Salz, Vanillezucker und Vollrohrzucker flaumig rühren. Das Mehl mit Backpulver sieben und abwechselnd mit der Milch unter die Butter rühren.
Zwei Drittel des eher festen Teigs auf ein mit Backpapier ausgelegtes Blech verteilen und glatt streichen. Zwetschken entkernen und halbieren. Die halbierten Zwetschken auf dem Teig verteilen, mit Zimt und etwas Nelkenpulver würzen. Den restlichen Teig mit den Fingern zu Krümel formen und auf den Zwetschken verteilen.
Topfen mit Kastanienmehl, Zitronenschale und etwas Milch zu einer dicken Creme verrühren und auf den Teig streichen.
Im vorgeheizten Rohr bei 180 °C ungefähr 50 Minuten backen.

Brombeertarte

FÜR DEN TEIG:
- 50 g Reis, gemahlen
- 50 g Vollrohrzucker
- 50 g Mandeln, gerieben
- 100 g Vollkornmehl
- 100 g Butter
- 1 TL Zitronenschale
- 1 Prise Salz
- 2 EL Wasser

Eine Mischung von Brombeer- und Himbeerblättern ergibt einen wohlschmeckenden Genusstee.

FÜR DEN BELAG:
- 500 g Brombeeren
- 250 ml Rotwein
- 80 g Vollrohrzucker
- 1 Zimtstange
- 3 Nelken
- 1 TL Agar Agar
- 3–4 EL Heidelbeermarmelade
- 100 g Marzipan
- etwas Staubzucker zum Auswellen des Marzipans

Vollkornmehl, Reis, Vollrohrzucker, geriebene Mandeln, Salz und in Stücke geschnittene Butter rasch zu einem Teig verarbeiten und ca. ½ Stunde im Kühlschrank kalt stellen.
Auf ein Küchenbrett etwas Mehl streuen und den Teig in der Größe der Quicheform auswellen. Den Teig hineinlegen, an den Rändern andrücken und einige Male mit einer Gabel einstechen.
Im vorgeheizten Backrohr bei 200 °C den Teigboden ca. 20 Minuten backen.
Marzipan auf Staubzucker bestreuten Untergrund dünn auswellen. Den Teigboden mit Heidelbeermarmelade bestreichen und dicht mit Brombeeren belegen.
Agar Agar in Rotwein einrühren und erhitzen. Mit Nelken, Zimtstange und Vollrohrzucker würzen und kurz aufkochen lassen. Nachdem das Gelee etwas abgekühlt ist, über die Brombeeren verteilen.

Zucker

Birnenkuchen

FÜR DEN TEIG:
- 125 g Butter
- 3 Eier
- 80 g Vollrohrzucker
- 80 g Marzipan
- 180 g Mehl
- 1 TL Backpulver

FÜR DEN BELAG:
- 1 kg Birnen*
- 1 Zimtstange
- 500 ml Rotwein
- 4 Pfefferkörner
- 3 Kardamomsamen
- 20 g Vollrohrzucker
- 1 TL Agar Agar**

* Es gibt über 1000 verschiedene Birnensorten, von denen jedoch nur wenige auf den Markt kommen.

** Agar Agar ist geschmacksneutral und ein sehr gutes Geliermittel. Agarose, eine Rotalgengattung in Agar Agar, ist für die Gelierkraft verantwortlich. In Japan und China wird Agar seit dem 17. Jahrhundert für die Zubereitung von Speisen eingesetzt. In Südostasien ist es fester Bestandteil der Küche. Dort wird es zur Zubereitung vielfältiger Süßspeisen verwendet.

Die Birnen schälen und halbieren. Wein, Zimt, Pfeffer, Kardamom und Vollrohrzucker aufkochen und von der Herdplatte nehmen. Die Birnenhälften in den Sud legen und 10 Minuten ziehen lassen. Die Garzeit hängt von der Festigkeit der Birnensorte ab. Anschließend die Birnen herausnehmen und abtropfen lassen. Die Birnen sowie den Sud beiseite stellen. Mit einem scharfen Messer die Birnen der Länge nach einschneiden. Die Butter mit dem Vollrohrzucker cremig rühren. Eier und das Marzipan hinzufügen und alles schaumig rühren. Das Mehl mit dem Backpulver sieben und unter den Teig unterheben. Den Teig in eine gefettete bebröselte Form streichen. Die Birnenhälften mit der Schnittfläche auf den Teig setzen und im vorgeheizten Backrohr bei 180 °C ca. ¾ Stunde hellbraun backen. (Nadelprobe machen!)
Nach Erkalten der Torte Agar Agar in dem Birnensud erwärmen und über die Torte verteilen.

Birnen-Erdnuss-Blätterteigstrudel

1 Packung Blätterteig
(für die Dekoration ev. eine 2. Packung)
500 g feste Birnen
50 g Rosinen
100 g Erdnüsse
2 EL Vollrohrzucker
40 g Semmelbrösel
1 cm frischer Ingwer, gerieben
10 grüne Pfefferkörner

Erdnüsse schälen, grob zerkleinern und in einer fettfreien Pfanne hellbraun anrösten. Vollrohrzucker in einem Topf karamellisieren lassen. Die Nüsse zugeben und durchrühren. Birnen schälen, entkernen, in Spalten schneiden und auf dem ausgebreiteten Blätterteig auflegen. Die Erdnüsse und die Rosinen über die Birnenspalten verteilen und Semmelbrösel darüberstreuen. Den Teig überlappend aufeinanderdrücken.
Aus dem zweiten Teig als Dekoration auf Papier eine Birne aufzeichnen. Die Schablone auf den Teig legen und mit einem Messer ausschneiden. Teigformen versetzt auf den Strudel setzen. Im vorgeheizten Backrohr bei ca. 200 °C hellbraun backen.

Beim Birnenkauf nicht auf die glänzende Farbe achten, sondern an der Birne riechen. Duftet sie stark, ist sie auch garantiert aromatisch.

Winter

Die Tage werden kürzer. Ruhe, ja Starre liegt über den gepflügten Feldern. Der Winter ermahnt den Menschen zur Besinnung und Verinnerlichung. So hat auch die Ernährung für einen harmonischen Kräfteausgleich eine wesentliche Bedeutung. Das Immunsystem wird am besten durch wärmende Pflanzen, Gewürze und Kräuter gestärkt. Bei Zimt, Nelken, Koriander, Muskat, Ingwer, Sternanis und Piment denkt man unweigerlich an Lebkuchen und Apfelkompott. Und genau sie sind unsere Energielieferanten, wenn's kalt wird. Senf und Kren machen dagegen schwere Speisen leichter. Wacholderbeeren, Kümmel, Anis, Fenchel verhelfen Sauerkraut, Kohl, Bohnen und Linsen zu einer bekömmlichen Verdauung.

Die Rehe vom nahen Wald lieben es, in meinem Garten am zarten Kraut der roten Rüben zu knabbern, und ziehen dabei die Rüben aus der Erde. So muss ich sie nur einsammeln und kühl lagern. Als Carpaccio sind im Holzofen gegarte rote Rüben mit etwas Krensalz und eingelegten Bärlauchblüten ein Gedicht. Auch müssen die Nüsse eingesammelt und zum Trocknen aufgelegt werden, sofern mir unser Eichhörnchenpärchen welche übrig gelassen hat. Ob als Aufstrich zu Pesto verarbeitet oder als Knabberei – Nüsse sind Energie pur für Köper, Geist und Seele und dabei so gesund!

Wintergemüse ist durch die lange Garzeit wärmend, abwehrstärkend und regt durch seine Faserstoffe die Verdauung an. Im Winter ist stark gewürztes scharfes Essen der beste Schutz gegen Kälte. Der warme Geschmack spielt auch eine wichtige Rolle bei Erkältungskrankheiten. Zur Vorbeugung und Behandlung empfehle ich daher, ein daumengroßes Stück von einer Ingwerwurzel abzuschneiden, zu schälen, in Scheiben zu schneiden und mit heißem Wasser zu übergießen. Nach 15 Minuten ist der Aufguss trinkfertig. Je nach Geschmack mit Honig süßen. Ein natürliches Winterdoping!

Birnen-Bohnensuppe mit Piment

Piment wird auch Neugewürz, Jamaikapfeffer oder Englischgewürz genannt. Die ovalen erbsengroßen Früchte duften nach Gewürznelken, Muskat und Zimt.

- 200 g Bohnen
- 2 EL Zuckerrübensirup oder Honig
- 2 Lorbeerblätter
- 3 Pimentkörner
- 1 TL Kümmel
- 1 TL Hefepaste*
- 1 Msp. Muskatnuss
- 2 EL Pflaumen-Essig
- 1 TL Salz
- Pfeffer
- 500 ml Wasser
- Walnussöl oder Margarine
- 500 g Birnen

Eine nahrhafte Suppe für kalte Tage!

* Hefepaste ist im Reformhaus erhältlich und besteht aus Hefe-Extrakt und Salz. Sie enthält sehr viele wichtige Vitamine, wie B1, B2, B6 sowie Niacin, Folsäure und Pantothensäure.

Über Nacht die Bohnen in dreifacher Menge Wasser in einem Kochtopf einweichen. Am nächsten Tag die Bohnen in ihrem Einweichwasser ca. 40 Minuten kochen und erst am Ende der Kochzeit salzen. Essig zugeben, damit die Eiweißstoffe aufquellen können. Mit Kümmel, angestoßenen Pimentkörnern, Hefepaste und Muskatnuss würzen.
Nun die Birnen schälen und in 0,5 cm dicke Scheiben schneiden. In einer Bratpfanne etwas Walnussöl oder Margarine erhitzen und die Birnenscheiben darin etwas anbräunen. Die gebräunten Birnenscheiben etwas salzen und damit die Suppe schön dekorieren.

Salbeibohnensuppe

Der ausgleichende Salbei verstärkt den Geschmack der herzhaft energiegeladenen Suppe. Er ist wie ein Trostpflaster für die Seele. Der Duft des Muskatellersalbeis stimmt heiter. Der spanische Salvia officinalis ist der bei uns übliche Salbei mit einem hohen Magnesium- und Zinkgehalt.

250 g große Kidneybohnen
125 ml Kokosmilch
500 ml Wasser
1 große rote Zwiebel

FÜR DIE GEWÜRZMISCHUNG:
60 ml Balsamicoessig
5 Salbeiblätter
1 Lorbeerblatt
¼ TL Kümmel
2 Thymianzweige
1 Majoranzweig
Salz und Pfeffer

Bohnen in Wasser über Nacht stehen lassen. Am nächsten Tag die Bohnen abspülen und in frischem Salzwasser ca. 40 Minuten so lang kochen, bis die Bohnen weich sind. Die Zwiebel würfelig schneiden und in einem Topf mit etwas Olivenöl anrösten.
Die gegarten Bohnen mit Salbeiblättern, Lorbeerblatt, Kümmel, Majoran, Thymian, Essig, Salz und Pfeffer sowie etwas Wasser den Zwiebeln beigeben und kurz aufkochen lassen. Das Lorbeerblatt herausnehmen und die Suppe mit einem Pürierstab fein pürieren. Wer will, lässt die Suppe durch ein Sieb laufen, um die Schalenreste zu entfernen. Kokosmilch nach Geschmack unterrühren und servieren.

Als Suppeneinlage eventuell Brotscheiben dünn schneiden und anrösten.

Kastaniensuppe mit Whisky

Bei der traditionellen Whisky-Herstellung werden ausschließlich Gerste, Hefe und Wasser verwendet. Farbe und Geschmack reifen während der mehrjährigen Lagerung in alten Eichenfässern heran. Im Gegensatz zu den Iren verwenden Schotten für Ihren Whisky Getreide und Trester. Damit erhält er eine leicht rauchige Note. Als Angel's share – das, was den Engeln zusteht – wird der Anteil der Verdunstung durch die Lagerung in Holzfässern bezeichnet.

1 Packung gegarte Kastanien ca. 25 Stück
1 Kartoffel
1 rote Zwiebel
100 g Mascarino oder Mascarpone
1 ½ l Wasser
1 TL Gemüsebrühwürze
1 TL Hefepaste
4 Muskatblüten
Bergkernsalz
1–2 EL Whisky
Butterschmalz zum Anbraten

Zwiebel schälen und würfelig schneiden. In einer Pfanne Butterschmalz erhitzen und die Zwiebelwürfel anbraten. Kartoffel schälen, würfeln und den Zwiebeln zugeben. Das Ganze mit etwas Wasser aufgießen. Kastanien grob schneiden und mit den Muskatblüten der Suppe zugeben. Gemüsebrühwürze und Hefepaste einrühren, salzen und ca. 15 Minuten köcheln lassen. Die Muskatblüte herausnehmen und die Suppe pürieren. Mit Mascarino und Whisky abschmecken.

Roquefortaufstrich

Roquefortkäse erhielt 1925 als erster französischer Käse das AOC-Siegel. Das Dorf Roquefort-sur-Soulzon liegt im südwestlichen Teil Frankreichs, und einer Legende nach soll dort ein junger Schafhirte seine Brotzeit zum Kühlen in eine Höhle gelegt und vergessen haben. Tage später fand er das Brot und den Schafkäse wieder: Das Brot war verschimmelt, und den Schafkäse durchzogen feine blaugrüne Adern. Da der junge Hirte großen Hunger hatte, probierte er den Käse und war verblüfft über den herrlich würzigen Geschmack – die Roquefortkäseproduktion nahm ihren Anfang.

50 g Roquefortkäse
200 ml Jogurt
1 Spritzer Zitronensaft
1 Knoblauchzehe
Petersilie
Meersalz
Pfeffer

Knoblauchzehe mit etwas Salz auf einem Schneidebrett mit der flachen Messerseite zerdrücken. Roquefort mit dem zerdrückten Knoblauch und Jogurt im Mixer pürieren. Mit etwas Zitronensaft, Salz und Pfeffer abschmecken.
Um den vollen Geschmack des Käses genießen zu können, den Aufstrich auf Zimmertemperatur gebracht sevieren.

Bestens geeignet als kleiner Imbiss zu kräftigen Rotweinen oder auch zu Dessertweinen, deren hoher Zuckergehalt wunderbar zum Roquefort passt.

Petersilienwurzelsuppe

300 g Petersilienwurzeln
1 l Wasser
1 TL Anissamen
70 ml Pernod
125 ml Sauerrahm (Sahne)
Petersilie
weißer Pfeffer
Muskatnuss

Petersilienwurzeln waschen und gegebenenfalls schälen. Die Wurzeln in kleine Stückchen schneiden und mit dem Anissamen in Salzwasser weichköcheln lassen. Einige Wurzelstückchen beiseite geben.
Die Suppe mit einem Pürierstab pürieren und mit Pfeffer und Muskatnuss würzen. Sauerrahm unterrühren und mit einem Schuss Pernod verfeinern. Petersilie grob hacken und mit den Wurzelstückchen zur Suppe geben.

Nie altbackenes Brot wegwerfen! Als Suppeneinlage oder zu Knödelbrot geschnitten, in Butter angeröstet findet Brot immer Verwendung.

Gorgonzolasoße

100 g Gorgonzola
250 ml Wasser
1 EL Gemüsewürzfond
weißer Pfeffer
1 EL Stärkemehl
ev. Obers

Gorgonzola in Wasser erhitzen und mit Gemüsewürzfond und Pfeffer würzen.
Mit Stärkemehl etwas eindicken, eventuell mit Obers verfeinern.

Mandel-Orangen-Pesto

200 g Mandeln* mit Schale
250 ml Olivenöl
1 TL Orangenschale
1 Bund Petersilie
8 Knoblauchzehen
1 gestr. TL Salz (Fleur de Sel)

* Mandeln helfen gegen Sodbrennen und beruhigen den Magen.

Mandeln samt der Schale in Olivenöl anrösten. In einem Mörser oder in einer Küchenmaschine die gerösteten Mandeln mit grob gehacktem Knoblauch, Petersilie und Orangenschale zu einer Paste anstoßen oder pürieren. In ein Gefäß streichen, salzen, mit Olivenöl aufgießen und gut verrühren. In vorbereitete kleine Gläser füllen, mit Olivenöl auffüllen und an einem kühlen Ort aufbewahren.

Mandel-Orangen-Pesto auf getoastetem Weißbrot ist eine Offenbarung!

Rote Rüben gebacken

2–3 Rote Rüben
1 EL grobes Meersalz pro Knolle
1 EL Kümmel pro Knolle
4 Pimetsamen pro Knolle
Bärlauchblütenöl (siehe Seite 22)
Krensalz

Je eine frische Rote Rübe waschen und ungeschält auf je ein Stück Alufolie setzen. Über jede Knolle grobes Salz, Pimentsamen und Kümmel geben und die Folie zum Verschließen zusammendrücken. Die eingewickelten Rüben auf ein Backblech setzen und je nach Rübengröße ca. 2 Stunden im vorgeheizten Backrohr bei 140 °C garen. Anschließend in dünne Scheiben schneiden und mit Bärlauchblütenöl beträufeln. Mit Krensalz bestreuen.

Besoffene Cannelloni mit Bier

14 Cannellonirollen
25 g Sojagranulat »Hackfleischart«
1 große Zwiebel
1 große Kartoffel
3 Knoblauchzehen
500 ml Malzbier*
1 TL Bergkernsalz
1 TL Oreganopaste
1 TL Hefepaste
¼ TL Chilipaste (Harissa)
1 Msp. Lebkuchengewürz (Zimt, Kardamom, Kümmel, Nelkenpulver)
1 Msp. Muskatnuss gerieben
1 Msp. Honigpfeffer oder schwarzer Pfeffer

FÜR DIE SOSSE:
125 ml Malzbier
125 ml Sauerrahm oder Sojacreme (für die vegane Variante)
1 EL Mehl
100 g geriebener Käse (den Käse ganz weglassen für die vegane Variante)

* Malzbier ist ein obergäriges Vollbier mit Gerstenmalz, das dem Bier seine kräftige Geschmacksnote verleiht.

Die Zwiebel klein schneiden und in etwas Öl anbraten. Kartoffel schälen, grob raffeln und mit Sojagranulat kurz durchrösten. Mit Malzbier aufgießen. Diese Masse in einer Küchenmaschine gemeinsam mit den Knoblauchzehen, Oregano, Hefepaste, Chilipaste, Lebkuchengewürz, Muskatnuss, Pfeffer und Bergkernsalz zerkleinern.
Die Cannelloniröllchen mit dieser Paste füllen und nebeneinander in eine gefettete Auflaufform legen.
Sauerrahm mit Malzbier und Mehl glatt rühren und über die Rollen verteilen.
Mit etwas Käse bestreuen. Im vorgeheizten Backrohr bei 180 °C ca. 40 Minuten backen.

Madeirische Kastanienknödel

FÜR DEN TEIG:
400 g Kartoffeln
30 g Grieß
30 g (2 EL) Sojamehl, fett (siehe S. 9) oder 1 Ei
30 g Kastanienmehl
100 g griffiges Vollkornmehl
70 ml Wasser
¼ TL Salz

FÜR DIE SOSSE:
1 EL Hefepaste
70 ml Madeirawein
125 ml Wasser

FÜR DIE FÜLLE:
250 g rote Zwiebeln
50 g grob gehackte Kastanien
1 TL oder ½ geriebene Muskatnuss
1 TL Hefepaste
ca. 15 Koriandersamen
ca. 70 ml Madeirawein
½ TL Rauchsalz

Am besten schmecken geröstete Kastanien vom Kastanienbrater. Wenn keiner in der Nähe ist, die rohen Kastanien einschneiden, in Wasser kochen und sofort aus der Schale pellen! Kartoffeln in Salzwasser kochen, auskühlen lassen und mit einem Kartoffelstampfer zerstampfen. Kastanienmehl, Sojamehl, Grieß und Vollkornmehl mit den noch heißen Kartoffeln gut abmischen. Etwas Wasser einrühren, sodass ein geschmeidiger Teig entsteht. Den Teig nicht stehen lassen, da er sonst zu weich wird. Zwiebeln dünn nudelig schneiden und in etwas Öl anrösten.
Die grob gehackten Kastanien den Zwiebeln beigeben und bei mittlerer Hitze mitrösten. Mit im Mörser angestoßenem Koriander, geriebener Muskatnuss, Hefepaste und Salz die Kastanienfülle würzen und mit Madeirawein aufgießen. Den Teig auf etwas Mehl zu einer länglichen Rolle formen und für die Knödel ca. 2 cm dicke Stücke abschneiden. Teigstücke auseinanderdrücken und ca. je 1 EL Fülle auf das Teigstück setzen. Die Teigränder zusammendrücken, in der flachen Hand zu einem Knödel formen und in etwas Mehl rollen. Die Knödel in kochendem Salzwasser kurz kochen. Dabei mit einem Kochlöffel umrühren, damit sich die Knödel nicht auf dem Topfboden absetzen.
Wenn die Knödel an die Wasseroberfläche aufsteigen, sind sie fertig (ca. 15 Minuten).
Für die Soße das Wasser erhitzen, mit Madeirawein etwas einreduzieren und mit Hefewürze würzen. Als Beilage ist Rotkraut unüberbietbar! (siehe Seite 173)

Rotkraut

1 Rotkrautkopf (ca. 700 g)
1 große rote Zwiebel
2 geh. EL Feigenmarmelade
¼ TL Kreuzkümmel
½ TL Kümmel
250 ml Rotwein
125 ml roter Balsamicoessig
250 ml Pfirsichsaft
2 EL Zucker
1 Sternanis
4 Nelken
4 Piment
6 schwarze Pfefferkörner
1 Lorbeerblatt
1 Zimtstange
1 Sternanis
Kokosfett

Festen Strunk aus dem Rotkraut herausschneiden und das Kraut fein nudelig schneiden oder hobeln. Zwiebel fein nudelig schneiden und in etwas Kokosfett anbraten. Das Kraut zu der Zwiebel geben und kurz durchrösten. Mit Rotwein, Balsamicoessig und Pfirsichsaft aufgießen. Gewürze beigeben und ca. 1 Stunde weich kochen. Feigenmarmelade untermengen.

Die Ballaststoffe bzw. Faserstoffe des Rotkrauts quellen im Magen auf und erhöhen das Sättigungsgefühl, daher ist es figurschonend und sorgt für eine aktive Darmbewegung.

Bohnenlasagne mit Salbei

ca. 12 Lasagneblätter
200 g Kidneybohnen
oder 500 g Dosenbohnen
2 Lorbeerblätter
1 TL Salz
500 ml Wasser zum Einweichen
1 l Wasser zum Kochen
1 TL Kümmel
2–3 Knoblauchzehen
6 Kapernbeeren
25–30 Salbeiblätter
½ kleine Chilischote
oder Feuerwürze (siehe S. 68)

FÜR DIE BÉCHAMELSOSSE:
2 El Öl
500 ml Milch
oder 100 g Kokosmilch
mit Wasser auf 500 ml aufgefüllt
70 g Vollkornmehl
½ TL Salz
1 Msp. Muskatnuss gerieben
150 g geriebener würziger Käse

Kidneybohnen in Wasser über Nacht einweichen. Am nächsten Tag ca. 1 l Wasser zufügen und mit Lorbeerblättern ca. 40 Minuten kochen. Erst am Ende der Garzeit salzen und die Bohnen abseihen. Kümmel, geschälte Knoblauchzehen, Kapernbeeren und Salbeiblätter in der Küchenmaschine fein zerkleinern. Die gegarten Bohnen beifügen und alles zu einer pastigen Masse pürieren.
Für die Béchamelsoße Öl in einem Topf erhitzen, Vollkornmehl darin unter Rühren kurz anrösten, von der Herdplatte nehmen und etwas Milch zugießen. Mit einem Schneebesen glatt rühren, wieder etwas Milch zugießen und darauf achten, dass keine Klümpchen entstehen. Erst dann wieder auf die Herdplatte stellen und cremig rühren. Die Soße mit Muskatnuss und Salz würzen.
Eine Auflaufform fetten, dünn etwas Béchamelsoße aufstreichen und mit Lasagneblättern belegen. Auf die Lasagneblätter etwas Bohnenpaste streichen, darauf etwas Béchamelsoße verteilen, mit geriebenem Käse bestreuen und mit Lasagneblättern bedecken. So lang wiederholen, bis die Fülle verteilt ist. Die letzte Nudellage mit Béchamelsoße und Käse abschließen und im vorgeheizten Backrohr bei 180 °C ca. 40 Minuten backen.

Rote-Rüben-Knödel

Die Mengenangaben reichen für 10 Knödel

300 g frische Rote Rüben (Rote Beete)
150 g Vollkorngrieß
150 g Knödelbrot (trockene, klein geschnittene, alte Brötchen)
3 EL Sojamehl (30 g)
80 g Semmelbrösel
80 g Roggen-Vollkornmehl oder Weizenmehl
250 g Schotten oder grober Topfen (Quark)
250 ml Rote-Rüben-Saft oder Wasser
4 EL Apfelessig
2 TL Kren (Meerrettich)
2 TL Salz
Pfeffer
1 gestr. TL Anis
1 gestr. TL Koriandersamen
1 Prise Kardamom
eventuell 2–3 El Parmesan (oder auch Steirerkas)

* Rote Rüben zeichnen sich durch ihren hohen Eisengehalt aus und umrunden harmonisch den Gaumen. In der Antike empfahlen griechische Ärzte Rote Rüben gegen Fieber. Ich verwende immer frische Rote Rübenknollen, sie behalten ihre Farbe besser als die vorgekochten.

Vollkorngrieß, Roggenmehl, Semmelbrösel, Sojamehl, Salz, Pfeffer, im Mörser angestoßener Anis und Koriander mischen. Knödelbrot in Rotem Rübensaft einweichen. Topfen, Essig und Knödelbrot mit der Grießmischung zu einem eher festen Teig vermengen und etwas stehen lassen.
Rote Rüben und ein Stück frischen Kren in der Maschine zerkleinern und unter die Knödelmasse mengen. Mit nassen Händen Knödel formen und in siedendem Salzwasser ca. 15 Minuten ziehen lassen. Die Knödel sind gar, wenn sie an die Wasseroberfläche schwimmen.

Als Soßenbegleitung: braune Butter oder Gorgonzolasoße von Seite 168. Vogerlsalat und grüner Salat mit Weinraute passen geschmacklich besonders gut zu den Knödeln.

Malzbier-Palatschinken mit Bohnenfeuer

150 g Vollkornmehl
3 EL Kichererbsenmehl
250 ml Malzbier
125 ml Wasser
1 TL Salz

FÜR DIE FÜLLE:
200 g Rote Bohnen (Kidney Bohnen)
3 Knoblauchzehen
1 TL Chilipaste (je nach Geschmack)
1 EL Oregano
1 EL Olivenöl
1 EL Tomatenmark
1 TL Salz
einige Rotkrautblätter
Sojaöl zum Anbraten

Entweder bereits fertig gegarte Bohnen ohne Sud verwenden oder die Bohnen am Vortag in dreifacher Menge Wasser über Nacht einweichen und im selben Wasser am nächsten Tag ca. 1 Stunde weich kochen. Am Schluss einen Schuss Essig beigeben und salzen.
Malzbier mit Vollkornmehl, Kichererbsenmehl und Salz zu einem glatten, dickflüssigen Teig verrühren.
In einer guten beschichteten Pfanne 1 EL Öl erhitzen und einen Schöpfer Teig rund fließen lassen. Sobald der Teig an der Oberfläche stockt, mittels einer Plastikwendeschaufel die Palatschinken umdrehen und auf der anderen Seite bräunen.
Krautkopfblätter in Salzwasser kurz dünsten und abtropfen lassen.
Die Bohnen mit dem geschälten Knoblauch im Mixer zu Mus zerkleinern und mit Chilipaste, Salz und Oregano würzen.
Die Fülle auf die Palatschinken streichen und jeweils ein gegartes Krautblatt auflegen und einrollen.
Entweder werden die Palatschinken eingerollt gegessen oder in eine Auflaufform geschlichtet, mit etwas Malzbier bodenbedeckt angegossen, eventuell mit Käse bestreut und kurz überbacken.

Wirsingschnitzel

4 große grüne Wirsingblätter*
250 g Kichererbsen
100 g Käse
80 g Brot vom Vortag
60 g Walnüsse
2 EL Sojamehl
2 EL Wasser oder Estragon-Senf
2 Karotten
4 Wacholderbeeren

1 TL Asant**
1 TL Kümmel
etwas Chilipulver
1 TL Salz

FÜR DIE PANADE:
2 Eier
Salz und Pfeffer
etwas Mehl und Semmelbrösel

* Wirsing ist auch als Mailänder Kohl, Savoyer oder Börschkohl bekannt und enthält wichtige Mineralstoffe.

** Asant oder Teufelsdreck ist ein pulverisiertes Gewürz aus dem Harz der Asantpflanze. Der Name Teufelsdreck kommt vom übelriechenden Gestank des austretenden Milchsaftes der Pflanze. Auch in Worcestershiresoße ist Asant enthalten. Er wird in Afghanistan, Pakistan, im Iran und in Indien als Gewürz benutzt, vor allem aber in der indischen Küche.

Kichererbsen über Nacht mit Wasser bedeckt einweichen. Am nächsten Tag die Flüssigkeit abgießen und die Kichererbsen in Salzwasser ca. 30 Minuten weich kochen. Große Wirsingblätter in Salzwasser blanchieren, abtropfen lassen und mit einer schweren Bratpfanne beschweren, damit die Blätter flach werden.
Im Mörser Wacholderbeeren und Kümmel anstoßen. Kichererbsen, Karotten, Brot, Walnüsse und Gewürze in einer Küchenmaschine zu einem Teigbrei zerkleinern. Mit Sojamehl glatt kneten. Damit der Teig nicht zu fest wird, etwas Wasser oder Senf unterketen.
Eier mit etwas Milch, Salz und Pfeffer verquirlen. Auf einem Teller etwas Mehl und Semmelbrösel bereitstellen. Aus dem Teig handtellergroße Laibchen formen und auf die Wirsingblätter aufteilen. Die Kohlblätter wie ein Paket über der Fülle zusammenschlagen, auf beiden Seiten in Mehl wenden, durch die Eimasse ziehen und auf beiden Seiten Brösel leicht andrücken. Die Schnitzel nun im heißen Fett bei mittlerer Hitze goldbraun anbraten.

Camembertknödel

500 g mehlige Kartoffeln
150 g griffiges Mehl
50 g Vollkornweizengrieß
4 EL Sojamehl

FÜR DIE FÜLLE:
250 g Topfen (Quark)
200 g Camembert
3 EL Weizenvollkornmehl
Basilikum-* und Petersilienblätter
500 ml Gemüsebrühe
¼ TL Piment (Neugewürz)
½ TL geriebene Muskatnuss**
Bergkernsalz
30 g angeröstete, gehobelte Mandeln

Dazu passt Radicchiosalat mit Tomaten und Basilikumblättern.

* Basilikum hat eine appetitanregende, verdauungsfördernde Wirkung und stammt ursprünglich aus Indien.

** Viele orientalische Getränke mit aphrodisierender Wirkung enthalten Muskatnuss. Im Mittelalter wurde auch Bier mit Muskat gewürzt.

Camembert mit gehackter Petersilie und Basilikum, sowie Piment, geriebener Muskatnuss und Topfen mischen.
Die Kartoffeln in der Schale kochen, schälen, passieren und noch warm mit Bergkernsalz, Mehl und Grieß zu einem mittelfesten Teig kneten. Mit Mehl bestäuben und eine Rolle formen, Stücke abschneiden, zu Schüsselchen auseinanderdrücken.
Einen Teelöffel Käsefülle auflegen, über der Fülle zusammenschlagen, zusammendrücken und zu einem Knödel formen. Etwas Mehl in eine Schale schütten und die Knödel in Mehl drehen. In siedendem Salzwasser ca. 15 Minuten kochen. Sobald die Knödel an die Wasseroberfläche steigen, sind sie gar.
Entweder werden die Knödel in Mandeln gewälzt und sofort aufgetragen oder die gekochten Knödel werden in eine Auflaufform geschlichtet, mit gerösteten Zwiebelringen, Käse und 1 EL Sauerrahm kurz überbacken. Am besten beide Varianten ausprobieren!

Bohnenrollen mit Mozzarella

Der traditionell hergestellte Mozzarella kommt aus Kampanien, der Büffelmozzarella wird aus Wasserbüffelmilch gemacht. Der Begriff erklärt die Produktionsmethode: »Mozzare« heißt auf Italienisch »abschneiden« und bezieht sich auf die sogenannte »Mozzature« bei der Käseproduktion. Hier wird der Käseteig in lange Stränge gezogen, und der Käsemacher trennt immer wieder kleine Stücke mit der Hand ab.

- ca. 12 Cannellonirollen
- 250 g Kidneybohnen aus der Dose
- 2 rote Zwiebeln
- 2 EL Weizengrieß
- 4 Wacholderbeeren
- 2 Pimentkörner
- 1 Langer Pfeffer
- 1 TL Senfmehl
- 1 TL Rauchsalz
- ½ TL Kümmel
- 1 Msp. Garam Masala (siehe S. 70)
- 1 Msp. Muskatnuss, gerieben
- Mozzarella

FÜR DIE SOSSE:

- 50 g Mehl (2 geh. EL)
- 200 ml Kokosmilch
- 125 ml Wasser
- 1 TL Natursalz

Als schmackhafter Füllpastezusatz schmeckt Rauchkäse hervorragend.

Zwiebeln fein schneiden und in etwas Butter anbraten. Kümmel, Langer Pfeffer, Piment und Lorbeerblatt kurz rösten und im Mörser stampfen.
Angeröstete Zwiebeln mit gewaschenen Bohnen, Senfmehl, Garam Masala, Muskatnuss, Rauschsalz und Gewürzen in einem Mixer pürieren, Grieß untermischen und die Paste in Cannelloniröllchen füllen.
Inzwischen für die Soße Mehl in etwas Butter anschwitzen, mit Kokosmilch aufgießen, glatt rühren und wieder mit Kokosmilch und etwas Wasser angießen, bis eine sämige Béchamelsoße entstanden ist. Mit Salz würzen und die Soße über die in eine Auflaufform geschlichteten Röllchen gießen.
Im vorgeheizten Backrohr bei 200 °C 20 Minuten backen.

Bananen-Glückslaibchen

Der schwedische Botaniker Carl von Linné, Erfinder der Blumenuhr, nannte die Essbanane unter Verwendung der arabisch-persischen Bezeichnung »muz« für diese Frucht *musa sapientum* (frei übersetzt: »Frucht der weisen Meister«).

- 3 Bananen
- 60 g Maismehl oder Vollkornmehl
- 50 g Sojamehl, fett (2 EL, siehe Seite 9)
- 50 g Erdnüsse geschält
- 120 g Knödelbrot (trockene Brotwürfel)
- 1 TL Salz
- ½ TL Zimt
- 1 Msp. Muskatnuss
- 1 Msp. Cayennepfeffer
- 125 ml Kokosmilch oder heißes Wasser
- Semmelbrösel zum Wenden

Knödelbrot in Kokosmilch oder heißem Wasser einweichen und etwas ausdrücken.
Bananen schälen und mit einer Gabel zerdrücken. Erdnüsse schälen und grob hacken.
Bananen und Erdnüsse mit Maismehl und Sojamehl unter die Knödelbrotmasse mischen.
Mit Salz, geriebener Muskatnuss, Cayennepfeffer und Zimt würzen.
Flache Laibchen mit den Händen formen und in Semmelbröseln beidseitig wenden.
In einer Pfanne Erdnussöl erhitzen und die Laibchen auf beiden Seiten braun anbraten.

Dazu passen am besten Wintersalate!

Kastanien küssen Rote Rüben im Fusillibett

Für Soßengerichte sind diese Nudeln ideal, da sie gut Soße tragen. Um 1550 sollen einer Legende nach in Florenz, am Hofe Cosimos I. de' Medici, des Herzogs der Toskana, Fusilli durch den kleinen Sohn des Kochs entstanden sein, der einen Teil des für Pasta vorbereiteten Teigs um eine Stricknadel wickelte.

300 g Fusilli lunghi
100 g gegarte Maroni (Kastanien)
100 g Rote Rüben
1 rote Zwiebel
125 ml Kokosmilch
125 ml Schilcher*
125 ml Wasser
1 EL Balsamicoessig
1 EL Walnussöl
1 geh. EL Mehl
1 TL Pilzpulver
1 TL Bergkernsalz
½ TL Kümmel
eventuell Parmesan

Ein kräftiger Wintersalat passt hervorragend zu diesem Nudelgericht.

* Schilcher ist die Bezeichnung eines österreichischen Weins, der aus der Traubensorte Blauer Wildbacher in der Steiermark gekeltert wird und nur dort angebaut werden darf. Seinen Namen hat der Schilcher von seiner Farbe, er schillert zwischen Blassrosa und Dunkelrot.

Zwiebel schälen, fein schneiden und in Walnussöl anbraten. Rote Rüben schälen und klein würfeln. Maroni in mundgerechte Stücke schneiden und mit den Roten Rüben der Zwiebel beigeben. Alles kurz anbraten und mit Wasser aufgießen. Schilcher, Kümmel, Pilzpulver, Bergkernsalz und Kokosmilch zugeben und bei geringer Hitze garen.
Fusilli in reichlich Salzwasser bissfest kochen, abgießen und mit der Soße mischen.

Rote-Rüben-Muffins

250 g Vollkornmehl
150 g Rote Rüben
140 g Vollrohrzucker
300 ml Kokosmilch
2 Eier oder 30 g Sojamehl, fett (siehe S. 9)
in 100 ml Kokosmilch angerührt
100 g Bitterschokolade
1 TL frisch geriebener Ingwer
2 TL Backpulver
½ TL Natron
1 Prise Salz

Rote Rüben in der Maschine zerkleinern oder fein reiben. Mehl mit Backpulver, Natron, Salz und Vollrohrzucker mischen. Entweder ganze Eier mit Kokosmilch cremig rühren oder Sojamehl mit Kokosmilch glatt rühren und mit Roten Rüben und der Mehlmischung vermengen. Frischen Ingwer reiben, Bitterschokolade mit einem großen Messer in kleine Stücke schneiden und unter den Teig mischen.
Papierförmchen in Muffinformen aufteilen und den Teig in den Förmchen verteilen. Im vorgeheizten Backrohr bei 200 °C ca. 30 Minuten backen, bis der Teig rund über die Förmchen quillt und Farbe angenommen hat. Etwas auskühlen lassen.

Nach dem Backen sind die Muffins innen braun.

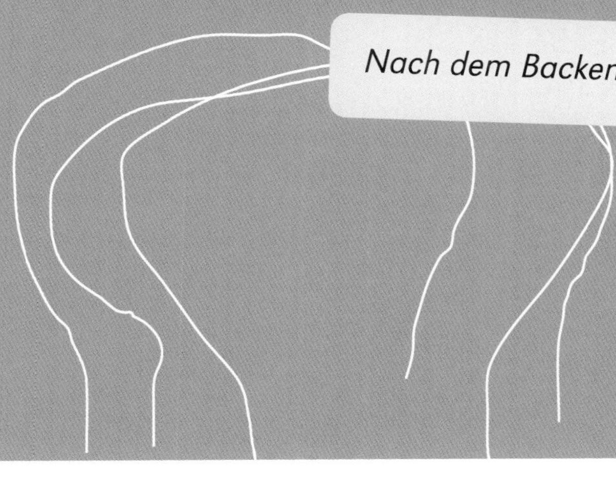

Après-Ski-Kuchen

200 g Rote Rüben
200 g Mehl
40 g Sojamehl
100 g Mandeln, gerieben
140 g Vollrohrzucker
300 ml Kokosmilch
1 Päckchen Backpulver
1 Stück frischer Ingwer (halbfingerlang)

FÜR DEN BELAG:
1 EL Schwarzbeerschokomarmelade (siehe Seite 106)
50 g gehobelte Mandeln

FÜR DIE FÜLLE:
120 g Mohn, gemahlen
125 ml Kokosmilch
40 g Zucker oder alternatives Süßungsmittel
1–2 EL Marsala oder Rum
1 TL Zitronenschale, unbehandelt
100 g Marzipan
etwas Staubzucker zum Auswellen
100 g Staubzucker
Saft ½ Zitrone

Rote Rüben fein reiben oder mit der Maschine zerkleinern. Mehl mit Sojamehl und Backpulver sieben und mit Kokosmilch, Roten Rüben und geriebenen Mandeln vermengen. Vollrohrzucker und geriebenen Ingwer unter den Teig mischen und in eine geölte, bebröselte Tortenform oder auf ein Blech streichen. Im vorgeheizten Backrohr bei 180 °C ca. 30 Minuten backen.
Schwarzbeerschokomarmelade dünn auf den Kuchen streichen und mit Mandeln bestreuen. Kokosmilch erhitzen, Mohn und Zucker einrühren. Mit Marsala oder Rum und geriebener Zitronenschale verfeinern. Die Mohnpaste auf den Kuchen streichen.
Auf ein Backpapier Staubzucker streuen und Marzipan dünn auswellen. Mittels Nudelholz das Marzipan auf die Mohnpaste auflegen und leicht andrücken. Staubzucker mit Zitronensaft glatt rühren und über die Marzipandecke streichen.

Gewickelter Mohnkuchen

FÜR DEN GERMTEIG (HEFETEIG):

- 450 g Mehl
- 50 g Sojamehl, fett (siehe S. 9) oder 1 Ei
- 20 g Germ (Hefe) oder 1 TL Trockenhefe
- 80 g Zucker
- 250 ml warmer Rote Rübensaft oder Milch oder Sojamilch

FÜR DIE FÜLLE:

- 200 g Mohn, gemahlen
- 200 g Rosinen
- 150 g Mandeln, gerieben
- 50 g Semmelbrösel
- 250 ml Agavendicksaft oder Honig
- 250 ml Kokosmilch oder Milch
- 1 Zitrone, unbehandelt und geriebene Schale
- 1 Vanilleschote
- 125 ml Rum
- etwas Öl zum Bestreichen

Für den Vorteig frische Germ (oder Trockenhefe, funktioniert genauso) in eine kleine Schüssel bröseln und mit 2 EL Zucker, 2–3 EL Mehl, 125 ml warmem Roten Rübensaft zu einem dickflüssigen Teig verrühren und mit einem Geschirrtuch zugedeckt an einem warmen Ort ca. ½ Stunde aufgehen lassen.

Das restliche Mehl mit Sojamehl sieben und mit dem warmen Roten Rübensaft und dem Vorteig mittels Knethaken der Küchenmaschine so lange abarbeiten, bis ein glatter Teig entstanden ist, der sich von der Topfwand löst. Noch einmal zugedeckt an einem warmen Ort aufgehen lassen.

Für die Fülle die Rosinen in 125 ml Kokosmilch erhitzen. Ausgekratztes Mark der Vanilleschote, Agavendicksaft, Mohn, Mandeln, Zitronenschale, Zitronensaft und Rum zugeben. Den Teig auf einem bemehlten Brett ca. 40 cm im Durchmesser rund auswellen. Den Teig in Fünftel oder Sechstel leicht mit einem Messer anzeichnen und von außen nach innen ca. 10 cm einschneiden.

Ein Viertel der Mohnmasse in die Mitte aufstreichen, einen Teiglappen über die Fülle überziehen und rundherum andrücken. So mit der restlichen Fülle fortfahren. Die Teigblätter gut andrücken, mit einer Gabel mehrmals einstechen, mit Öl bestreichen und im vorgeheizten Backrohr bei 180 °C ca. 40 Minuten backen.

Buchtelgugelhupf

FÜR DEN GERMTEIG (HEFETEIG):
400 g Mehl
20 g Germ (Hefe)
50 g Vollrohrzucker
200 ml Kokosmilch oder Milch
1 Päckchen Vanillezucker
1 Prise Salz
eventuell etwas Safran

FÜR DIE MOHNFÜLLE:
50 g geriebener Mohn
70 ml Kokosmilch oder Milch
1 EL Zuckerrübensirup
oder 25 g Vollrohrzucker
20 g Rosinen
1 Päckchen Vanillezucker
etwas Zitronenschale
1 EL Rum
½ TL Zimt

FÜR DIE NUSSFÜLLE:
50 g Haselnüsse, gerieben
70 ml Kokosmilch oder Milch
25 g Vollrohrzucker
oder 1 EL Zuckerrübensirup
1 EL Tia Maria oder Kaffeelikör
1 EL Ovomaltine
1 Messerspitze Lebkuchengewürz
50 g Rosinen

FÜR DEN ZUCKERGUSS:
100 g Staubzucker
½ Zitrone

Germ (Hefe) mit lauwarmer Kokosmilch, etwas Mehl und Zucker glatt rühren und an einem warmen Ort ca. 30 Minuten aufgehen lassen.
Für die Mohnfülle Kokosmilch erwärmen und mit Mohn, Zuckerrübensirup, Vanillezucker, Rum, Zimt und Rosinen verrühren.
Für die Nussfülle geriebene Haselnüsse in erwärmte Kokosmilch einrühren und mit Zuckerrübensirup, Ovomaltine, Lebkuchengewürz, Rosinen und Kaffeelikör verrühren.
Das restliche Mehl, Vollrohrzucker, Vanillezucker und Salz mit dem Vorteig glatt verkneten. Das geht am besten mit dem Knethaken eines Rührgeräts. Wenn der Teig glatt und seidig glänzt, soll er zugedeckt an einem warmen Ort auf seine doppelte Größe aufgehen. Den Teig in handtellergroße Stücke teilen und etwas auseinanderdrücken. Jeweils 1 gehäuften TL Mohn- oder Nussfülle auf die Teigstücke aufteilen und gut an den Enden zusammendrücken.
Die Gugelhupfform ausfetten, bemehlen und je nach Fülle abwechselnd die Teigkugeln in die Form schlichten, nochmals zugedeckt gehen lassen und im vorgeheizten Backrohr bei 180 °C ca. 1 Stunde backen. Nadelprobe!
Staubzucker mit Zitronensaft glatt rühren und über den Gugelhupf streichen.

Bananen-Mohnstrudel

500 g glattes Mehl
250 ml Milch oder Sojamilch
125 g Margarine
50 g Vollrohrzucker
1 Packung Trockengerm (Hefe)
1 Packung Vanillezucker

FÜR DIE FÜLLE:
250 g Mohn
4 Bananen
120 g Vollrohrzucker
250 ml Milch oder Kokosmilch
Schale einer ungespritzten Zitrone
1 Stück frischer Ingwer (2 cm)
60 g Rosinen
2 EL Rum
1 EL Zimt

Mehl mit Germ (Hefe), Zucker, Margarine, Vanillezucker, lauwarmer Milch oder Sojamilch zu einem festen Teig kneten. Den Teig zugedeckt im 30 °C warmen Backrohr ca. ½ Stunde aufgehen lassen.
Für die Fülle die Milch oder Kokosmilch aufkochen und den geriebenen Mohn einrühren. Vollrohrzucker und Rosinen zugeben und durchrühren. Ingwer reiben und die Fülle gemeinsam mit Zimt, Zitronenschale und Rum würzen.
Den Teig mit einem Nudelholz auf einem bemehlten Backpapier auswellen und die Füllmasse auf den Teig verteilen. Die Bananen schälen, lange Scheiben schneiden und waagrecht versetzt auf den Teig verteilen, so lässt sich der Strudel einfacher eindrehen und auf das Backblech setzen.
Den Teig von oben nach unten mit Hilfe des Papiers aufrollen und samt Backpapier auf das Backblech legen. Im vorgeheizten Backrohr bei 200 °C ca. 1 Stunde backen.

Auch Äpfel eignen sich hervorragend als Fülle.

Gourmet-Muffins für Wildvögel

Ich bin eine Naturliebhaberin, die sich auch um die richtige Ernährung der Wildtiere sorgt. Deshalb darf ich hier zum Abschluss eine Empfehlung für ein (veganes) Vogelfutter geben, das meinen Singvögeln im Garten ein langes Leben und mir damit viel Freude schenkt. Die Mengenangaben ergeben ca. 4 Stück.

- 150 g Sonnenblumenkerne
- 100 g Haferflocken
- 100 g Rosinen
- 50 g Erdnussbruch
- 350 g Kokosfett
- ca. 250 cm lange Schnur
- Silikonmuffinform*

* Am besten eignen sich konisch geformet Gefäße zum Befüllen. Ich wähle Silikonformen, weil sich die Muffins, die ja nicht gebacken werden, daraus am leichtesten herausnehmen lassen.

In einer großen Teigschüssel Sonnenblumenkerne, Haferflocken, Rosinen und Erdnussbruch mischen. Kokosfett in einem großen Topf schmelzen und die Körnermischung mit dem Fett abmischen.
Schnüre in ca. 60–80 cm Länge abschneiden und jeweils eine Schnur in die vorbereitete Silikonformen einlegen. 1 großer Schöpflöffel voll Kornmasse auf die Schnur schütten und darauf achten, dass zwei Schnurenden aus dem Gefäß hängen. Mit Kornmasse bis zum Rand auffüllen und über Nacht fest werden lassen.
Am nächsten Tag an den Schnurenden aus den Gefäßen ziehen und sogleich an geeigneten Stellen im Freien aufhängen.

Register

NEUES *bei Styriabooks*

Abwechslungsreiche Küche für den Büroalltag – dieses Buch richtet sich an alle, die trotz Stress und Leistungsdruck im Job nicht auf gutes, gesundes Essen verzichten wollen. Mittags im Büro, morgens und abends zu Hause.

Renate Wagner-Wittula
SCHNELLE KÜCHE FÜR BERUFSTÄTIGE
Das Bürokochbuch

200 Seiten, 14,5 x 20 cm
Gebunden mit Flexcover, durchg. Farbe
€ 16,95 · ISBN: 978-3-85431-549-0

pichler verlag

Gemeinsam setzen sich Biobauern, Verarbeiter und alle Partner aus der Bioszene für natürliche Produkte, für authentischen Geschmack und ehrliche Verarbeitung ein. Dreizehn ausgewählte Biohotels haben uns in ihre Kochtöpfe schauen lassen. Mit viel Liebe zaubern sie genussvolle Speisen aus natürlichen Lebensmitteln, die vielfach aus der eigenen Landwirtschaft oder von Bioland-Bauern aus der direkten Umgebung kommen.

BIOGOURMETKÜCHE
Die schönsten Rezepte der Biohotels in Deutschland und Österreich, in der Schweiz und in Südtirol

208 Seiten, 21 x 27 cm
Hardcover mit SU, durchg. Farbe
€ 24,95 · ISBN: 978-3-99011-029-4

edition styria

Ich danke meinem Ehemann Ortwin für seine fotografischen Leistungen
und seinen aufgeschlossenen Gaumen.

978-3-85431-556-8

Bücher aus der Verlagsgruppe Styria gibt es
in der Buchhandlung und im Online-Shop.

styriabooks.at

LEKTORAT: Marion Mauthe

ALLE FOTOS: © Ortwin Maritsch

UMSCHLAG- UND BUCHGESTALTUNG:
Verlagsbüro Hamtil

REPRODUKTION: Pixelstorm, Wien
DRUCK UND BINDUNG:
Druckerei Theiss GmbH. St. Stefan im Lavanttal

Printed in Austria